D1822487

हरिओम

हरिओम की उच्च शिक्षा इलाहाबाद विश्वविद्यालय और जवाहरलाल नेहरू विश्वविद्यालय से हुई। गढ़वाल विश्वविद्यालय, उत्तराखंड से कृष्णा सोबती के उपन्यासों पर पी-एच.डी. की उपाधि ली। अन्तरराष्ट्रीय सामाजिक अध्ययन संस्थान, हेग, नीदरलैंड से गवर्नेंस, पब्लिक पॉलिसी एंड पोलिटिकल इकॉनामी में दुबारा एम.ए. किया।

'धूप का परचम', 'ख़्वाबों की हँसी' और 'मैं कोई एक रास्ता' (ग़ज़ल-संग्रह); 'अमरीका मेरी जान' और 'तितलियों का शोर' (कहानी-संग्रह); 'कपास के अगले मौसम में' (कविता-संग्रह) उनकी प्रकाशित कृतियाँ हैं। कैलाश मानसरोवर यात्रा पर लिखा यात्रा-वृत्तांत 'कैलाश मानसरोवर यात्रा : आस्था के वैचारिक आयाम' बेहद चर्चित रहा है और इसका अंग्रेज़ी संस्करण भी आ चुका है। 'रीथिंकिंग द रोल ऑफ़ इनफ़ार्मेशन, एजुकेशन एंड कम्युनिकेशन इन पार्टिसिपेटरी रूरल सैनिटेशन इन उत्तर प्रदेश असेसिंग पॉसिबल पॉलिसी लेसंस फ्रॉम बांग्लादेश' विषयक शोध-कार्य यूनीसेफ़ (उत्तर प्रदेश इकाई) और जर्मन के ग्लोब एडिट प्रकाशन द्वारा प्रकाशित हुआ है।

साहित्य के अलावा संगीत में भी उनकी गहरी दिलचस्पी है। ग़ज़ल गायक के रूप में फ़ैज़ की ग़ज़लों का एक एलबम 'इन्तिसाब' आ चुका है। दूसरा एलबम 'रोशनी के पंख' भी ख़ासा चर्चित रहा। इसके अलावा 'खनकते ख़्वाब' और 'रंग का दरिया' एल्बम में उन्होंने ख़ुद की लिखी और संगीतबद्ध ग़ज़लें गाई हैं। कई एकल गाने भी गाए। आकाशवाणी नई दिल्ली से उन्हें बतौर गायक 'ए ग्रेड' का प्रमाणपत्र मिल चुका है।

उन्हें 'फ़िराक़ सम्मान', 'राजभाषा अवार्ड', 'तुलसी श्री सम्मान' और लंदन की एक संस्था द्वारा 'वातायन सम्मान' मिल चुका है।

सम्प्रति : प्रमुख सचिव, समाज कल्याण, लखनऊ, उत्तर प्रदेश।

ई-मेल : sanvihari1@gmail.com

हरिओम

तारीख़ हमें साथ लिये जाती है

राजकमल पेपरबैक्स

राजकमल पेपरबैक्स में
पहला संस्करण : 2024

राजकमल पेपरबैक्स : उत्कृष्ट साहित्य के जनसुलभ संस्करण

राजकमल प्रकाशन प्रा. लि.
1-बी, नेताजी सुभाष मार्ग, दरियागंज
नई दिल्ली-110 002
द्वारा प्रकाशित

शाखाएँ : अशोक राजपथ, साइंस कॉलेज के सामने, पटना-800 006
पहली मंज़िल, दरबारी बिल्डिंग, महात्मा गांधी मार्ग, प्रयागराज-211 001
1, अनमोल सोराबजी सन्तुक लेन, धोबी तलाव, मरीन लाइंस, मुम्बई-400 002
वेबसाइट : www.rajkamalprakashan.com
ई-मेल : info@rajkamalprakashan.com

बी.के. ऑफसेट
नवीन शाहदरा, दिल्ली-110 032
द्वारा मुद्रित

मूल्य : ₹250

TAREEKH HAMEIN SAATH LIYE JAATEE HAI
Poems by Hariom

ISBN : 978-93-6086-534-4

शाल्मली के लिए

तारीख़ हमें
साथ लिये जाती है

भूमिका

यह काव्य-संग्रह प्रेम के दुर्निवार सातत्य का आख्यान है। हरिओम ने कविता, संगीत और प्यार के संगम से जो एक आत्मिक दुनिया रची है, उसने उसे नौकरशाही के कठिन और बहुधा क्रूर रास्तों से गुज़रते हुए भी इनसानियत की ताक़त और हौसला बख़्शा है। क्या प्यार कभी भी निर्वासित हो सकता है, पूरा का पूरा, समूचा? —नहीं, वह स्मृतियों और सपनों में अपना घर बना लेता है। ये कविताएँ प्यार की डगर में आए व्यवधानों और अन्तरालों को सपनों और यादों से पाट देना चाहती हैं। इन कविताओं में प्रेम की अन्त:सलिला का पीड़ित आह्वान है, दबी हुई मनुहार है। प्रेम के इतिहास का कोई अन्त नहीं होता। प्रेम करनेवाले अपना स्वायत्त और आत्मीय इतिहास रचते हैं, इसी दुनिया में—और उस इतिहास में अतीत कभी भी व्यतीत नहीं होता। प्रेम में पगी हुई अनूठी, विलक्षण उपमाएँ और बिम्ब इस संग्रह में छाए हुए हैं, जैसे रिझा रहे हों, बुला रहे हों, समझा रहे हों, रूठे सनम को।

यहां प्रेम की तमाम परस्पर-विरोधी अन्तर्दशाएँ भी हैं—एक ओर साझा इतिहास है प्रकृति के आगोश में पनपे उस प्रेम का जो अक्षुण्ण है, तो दूसरी ओर प्रेम के लिए दी गई तमाम क़ुर्बानियाँ हैं। 'प्यार के लिए' शीर्षक कविता में उन क़ुर्बानियों की भी याद दिलाई गई है जो प्यार के लिए दी गईं। ये उलाहना है, लेकिन सच भी, शायद—

लो मैंने अलग कर लिया है
ख़ुद को जलसों और जुलूसों से

लोगों से और उनके संघर्षों से
क्योंकि वहाँ भी होती है
रोमांस की परिस्थितियाँ
मैंने धीरे-धीरे छोड़ दिया है
अपने सब ऐसे दोस्तों को
जो भावुक होते हैं

और उसके भी बाद यथार्थ की वह कठोर ज़मीन जिसे प्यार की निविड़ दुनिया में अंगीकार किया जाना था—

जब मेरी दुनिया में
सिर्फ़ तुम थीं
तुम्हारी बातें थीं
चाँद-तारे, सूरज और आसमान थे
या फिर थी नीम सर्द हवा

और अब कितना कुछ है
सब तरफ़
मेरी सुबहों और शामों में उलझी
एक पूरी दुनिया है
जिसकी अपनी बेशुमार उलझने हैं।

'प्रेम' शीर्षक कविता एक सर्वथा अनूठे अहसास की कविता है, प्रेम का एक निर्मम साक्षात्कार—

प्रेम एक धारदार हथियार है
जिसकी मूठ
तुम्हारे हाथ में है
और नोक
मेरे सीने में
हमने एक दूसरे को गले लगा रखा है।

प्यार की तारीख़ (इतिहास) स्मृति में ढलकर साझा नाज़ुक अहसासात के अक्षय कोषागार की ताक़त हासिल कर लेती है, लेकिन वह क़ैद भी है, एक पाश जिससे छूटा नहीं जा सकता—

हम चाह कर भी वक़्त से परे नहीं जा सकते
वक़्त ने हमारी सरहदें तय कर दी हैं।

इस संग्रह का 'तारीख़ हमें साथ लिये जाती है' जैसा शीर्षक बहुआयामी है। वह सिर्फ़ प्यार का इतिहास नहीं, बल्कि वह उस निष्ठुर यथार्थ का भी है, जिसमें राजनीतिक और सामाजिक हिंसा, जाति और सम्प्रदाय, पूँजी और लिंग के आधार पर की जाने वाली अमानुषिकता प्रेम और इनसानियत को ही विषाक्त और असम्भव बना देने पर आमादा है—

था उन्हें ख़तरा बहुत इससे
जलाना चाहते थे वे समूची ये विरासत
इल्म और तहज़ीब की
चिन्दियों में वे उड़ाना चाहते थे ये धरोहर
प्यार की, इनसानियत की, आपसी एतबार की
अपनी सनक की रौ में बहकर
चीख़कर, धमका-डराकर, मार कर
उनको कि जो सहमत नहीं होते थे डर कर

पूँजी की सभ्यता के अनिवार्य संकटों, नदी, जंगल, ज़मीं को हड़प लेने की पूँजी की असीम लालसा को अनेक कविताओं में आवाज़ मिली है। यह भी एक तारीख़ है जो मुहब्बत की आत्मीय तारीख़ से टकराती है।

इस कविता-संग्रह में काव्यभाषा के अनेक स्तर हैं। सबसे ज़्यादा कविताएँ ऐसी हैं जो गंगा-जमुनी भाषा में लिखी गई हैं। काव्यभाषा का यह स्तर उस साझी ज़मीन का नहीं है, जो हिन्दी-उर्दू की तकसीम से पहले सब लिखने पढ़नेवालों को उपलब्ध थी। यह तकसीम को नए सिरे से पाटने वाली भाषा है जिसमें लिखने वाले की अपनी वैचारिक

प्रतिबद्धता और नई भाषिक चेतना का विन्यास है। यह संग्रह इस बात का गवाह है कि हिन्दी में लिखनेवाले तमाम नए रचनाकारों ने हिन्दी-उर्दू क्षेत्र के भाषिक बँटवारे को अमान्य कर देने की कोशिशें शुरू कर दी हैं। इस संग्रह में एकाधिक कविताएँ लोक-भाषा, कहावतों और मुहावरों का विन्यास लिये हुए हैं, जैसे 'हुवा हड़ाई' या 'होली'। गीत के ढाँचे में जीवन के अन्तर्विरोधों और भावनाओं की ऊहापोह को भी अंकित किया जा सकता है, कवि की यह सामर्थ्य 'रिश्ते' शीर्षक कविता में अभिव्यक्त हुई है।

पाठकों को मुबारक यह बहुविध समृद्ध संग्रह!

—प्रणय कृष्ण

क्रम

ग़ज़ल

कविता

मौसम के ताज़ा गुलाब

तुम्हारी ख़ामोशियों में
मुस्कराते हैं मेरे अल्फ़ाज़
और तुम्हारे गालों पर खिल उठते हैं
मौसम के ताज़ा गुलाब
तुम्हारी नीमबाज़ आँखों से
फूटता है रौशनी का कोई आबशार
जिसमें रह-रह भीगता है
मेरे सपनों का संसार

मुझे ख़्वाब पसन्द हैं
तुम्हें मैं
तुम्हें गुलाब पसन्द हैं
और मुझे तुम
मुझे सोचते हुए तुम्हारी आँखों में
ज़रूर तैरती होगी
रजनीगंधा, बेला या हरसिंगार की ख़ुशबू

मुझे सोचती हुई तुम
या तुम्हें देखता हुआ मैं—
हमीं हैं शायद जिनसे मिलने के लिए
फ़िज़ाओं में तैरते हैं रंग

चमन पर उतरती हैं बहारें
मौसम कैसा भी हो
मेरे लफ़्ज़ों में गूँजती रहेंगी तुम्हारी खिलखिलाहटें
मेरी आँखों में बची रहेगी
तुम्हारी आँखों की लौ
और मेरी साँसों में घुली रहेगी
तुम्हारे घने बालों की मादक गंध

हमें पता है कि
तुम्हारी बातों और मेरे मौन में डूबा यह मौसम
हमें ले जाएगा इस सदी के उस पार...

तारीख़ हमें साथ लिये जाती है

तारीख़ हमें साथ लिये जाती है गोया
रस्ते में तख़य्युल के
कई शहर हैं आबाद माज़ी के
कई गाँव जो रौशन हैं
गुफ़्तगू से हमारी
हैं दश्त कई दूर तलक
जिनको सजाया है कभी हमने
हँसी-खेल में
ख़्वाबों के उगाकर शजर
जज़्बात के चश्मे हैं उमड़ते हुए
झरने हैं फ़िक्रमंदियों के झरते हुए
दिल में हमारे
कि जैसे एक-दूसरे को बचाना हो हमें
गर्दिशे-हालात से
भीगे हुए एहसास से
देनी हो तसल्ली
मुश्किल भरी राहों में

ये रहगुज़र तमाम
जो मंज़िल की तरफ़ बढ़ती हुई
लगती हैं गुमसुम
जैसे कि ज़िन्दगी कभी
मक़सद से बिछड़ जाय
जैसे कि तसव्वुर से
कोई मुद्द'आ छिन जाय ज़रूरी
जैसे कि तक़ाज़ों का सिला
कुछ न मिले इश्क़ में
माशूक़ की जानिब से ताउम्र दीवाने को

हम फिर भी चले जाते हैं
इक तारीख़ की तसवीर बनाते हुए
उम्मीद के पन्नों पर
अरमान के रंगों में डुबोए हुए
लफ़्ज़ों की उँगलियाँ
जैसे कि ये भी कम नहीं
हासिल कमाल
दौरे-सफ़र कुछ नहीं बाक़ी मलाल

जबकि है हमराह कोई
हमनवा, हमराज़ सफ़र में
कि जहाँ लफ़्ज़ हैं अपनी जगह
ख़ामोशियाँ भी बोलती जाती हैं दूर तक
ग़मों की रात में
ख़ुशियों के जलाती दीये
दुनिया से भी वाबस्तगी का लुत्फ़
मेरे दिल में जगाती हुई
रखती हुई एहसास की चौखट पे नर्म पाँव
हम ख़ुश हैं बहुत अब

कि ख़ुशी की तलाश में
जाना न किसी राह
होना न किसी देस
रहना न किसी साथ
तारीख़ हमें साथ लिये जाती है गोया

रास्ता जो ज़िन्दगी की ओर खुलना था

ज़माने भर की बातों में
वो अफ़साना भी शामिल था
कि जब हाथों में मेरे काँपती
तेरी हथेली थी
नज़र में फूल थे मेरे खिलाए
और गालों पर उजाले थे फ़िज़ा के
आप ही महके हुए
तनहा ख़यालों से
ज़बाँ पर एक चुप थी टूटती-सी
मुस्कराती-सी
जिगर में फूटते-उठते सवालों से
परीशां हो

कि जैसे रंग कोई
उम्र भर को लग गया था
सुर्ख़ वो तेरी हथेली पर
कि जैसे रोग कोई
धड़कनों की धार में
बस रुक गया-सा था
नहीं जिसका कोई चारा

वो कहने को तो सब
धुँधली हुई यादें, सभी बातें
मगर वो रास्ता
जो ज़िन्दगी की ओर खुलना था
खुला था

और हम सदियाँ बिताकर आ गए थे
जैसे लम्हों में

अभी भी सोचता हूँ मैं
कि जैसे मेरे हाथों में
हथेली है तुम्हारी काँपती-सी
और मौसम में खिले हैं
रंग ख़ुशबू बन
कि जैसे रास्ता
जो ज़िन्दगी की ओर खुलना था
खुला है

बयान

भूख से नहीं मरता कोई
ग़रीबी बेकारी अनीमिया हैजा टीबी
कुछ भी हो सकता है उसे
इस बीमार समय में

सब जानते हैं
कि इनसान के पैदा होने से लेकर
दफ़न होने तक
सारे इन्तज़ाम बख़ूबी किये हैं सरकार ने

हम माँ के गर्भ से ही बच्चों को
लगाते हैं टीके
खिलाते हैं पँजीरी
फिर पढ़ाई वज़ीफ़ा अनाज घर ज़मीन पेंशन
सब कुछ सब को मुफ़्त

तुम देखना
इस मरहूम के ठिकाने से भी
लाल पीला सफ़ेद
कोई न कोई कार्ड
निकलेगा ज़रूर

उसके पास परचून या पनेठी
की दुकान तो होगी ही
फिर नरेगा के होते
कोई कैसे मरेगा

अब तरक़्क़ी के इस दौर में
जब अठन्नी में सच होते हों सपने
और अपना मुल्क
इक्कीसवीं सदी के दूधिया दलदल में धँसा हो
अब किसी को न आए जीने का सलीक़ा
या फिर मौत से हो जाए इश्क़
तो कारगर नहीं होता कोई उपाय

हम राज-गोदामों में भरे
अनाज की क़सम खाकर कह सकते हैं
कि भूख से नहीं मरता कोई
हालाँकि हर मामले की तरह
इस मामले की भी कराई जाएगी तफ़तीश

फ़िलहाल ये बयान अख़बारों को दे दो

जादू के पिटारे-सा वक़्त

जादू के पिटारे-सा ये वक़्त
जबकि सुबह और शाम के बीच
कितना कुछ घट जाता है दुनिया में
जिससे हमें नहीं होता कोई ख़ास वास्ता
फिर भी हम सोचते हैं उस पर
बातें भी करते हैं कभी-कभार

जबकि हमारे बीच
सूखे दिनों और सीली रातों की अनन्त वीरानियाँ हैं
जो सूने परबतों और सुस्त नदियों
बंजर खेतों और मुरझाये जंगलों
और उन पर टकटकी बाँधे
उदास आँखों के बहिष्कृत एकान्त से
चुपचाप उतर आई हैं

जबकि दूर
रेतीली सरहदों को छूकर
आने वाली गर्म हवा के बीच
तुमसे दूर होने का दर्द
पलट-पलटकर हो जाता है गाढ़ा
मैं इन परबतों, नदियों, खेतों, जंगलों

और उदास आँखों के
कितना क़रीब होता हूँ

जादू के पिटारे-सा ये वक़्त
जैसे छोड़ता है
आश्चर्य की आतिशबाज़ियाँ

जब तुम बातें करती हो
मैं जैसे भीगता हूँ स्वरों की बारिश में
और तुम्हारी चुप्पी से फूटते हैं
कितने नए शब्द
जिनके बिना बर्षों से अधूरी पड़ी थीं
मेरी कितनी ही बातें

और तुम्हारी तसवीरें
जैसे रह-रहकर पलटती हैं
स्मृतियों की पुरानी किताब
जिसमें घुले थे कभी
तुम्हारी अदाओं के मासूम रंग
और तुम्हारी किफ़ायती हँसी
जैसे ख़ुशबू के किसी गुमराह झोंके-सी
समेटती मुझे अपने नर्म घेरे में

यूँ धरती के इस हिस्से में
यह शाख़ से टूटते पीले पत्तों का मौसम है
पेड़ों पर आबाद हैं चमगादड़ और काले कौवे
फिर भी यह वक़्त
मेरे कमरे की दीवारों पर अक्सर खिला जाता है
गुलमोहर के सुन्दर फूल
और तब मैं सचमुच जान लेता हूँ

कि मेरी याद
तुम्हारी आँखों में
उगाने लगी है मोती

तुमसे दूर मैं अक्सर खोलता हूँ
वक़्त के इस जादुई पिटारे को
चुनता हूँ शब्द, स्वर, रंग, ख़ुशबू और मोती
और फिर—
जैसे किसी बचकानी ज़िद में—
उन पर जगमग उम्मीदों का आसमानी वरक़ चढ़ा
रख देता हूँ ज़िन्दगी की चौखट पर

जादुई पिटारे-सा ये वक़्त
शायद तुम्हें भी कभी यह बताता हो
कि तुमसे दूर भी
मैं कितना तैयार होता हूँ
इस मुश्किल दुनिया का सामना करने के लिए

तमाशे

चूहे के पीछे दौड़ती है बिल्ली
बिल्ली से आगे भागते हैं चूहे
आगे पीछे चकर-मकर
छाती पीट नाचते भालू रीछ गोरिल्ले
उछलते बात-बेबात
करतबी बन्दर
बिराते मुँह घुमाते आँखें
लगाते जयकार मुर्दाबाद हर-हर
डम-डम धूम-धड़ाम
ठूँ-ठाँय ढिशुम-धाँय, आँय-बाँय-शाँय
ध्यान खींचने के लिए
क्या-क्या करता मदारी
आते-जाते रुकते तमाशबीन, बुद्धिमान, ख़बरबाज़
खींचते तसवीरें करते चकल्लस
लिखते लेख-कुलेख
बनाते फ़िल्में भेजते इधर-उधर रोमांच से भर
सेठ-साहूकार हाकिम-हुक्काम, ज़मींदार
पंडित-इमाम मुंसफ़-मोतबर
देते नम्बर तालियाँ पीट, खीसें निपोर
इतिहास भूगोल सब उलट-पलट गोल-मटोल

बरबस उम्मीद की आड़ में ताकते
आँची-खाँची ब्योपारी-मज़ूर
नौकरीपेशा-किसान
मदारी ज़रूर बेचेगा
मर्दाना जोश बढ़ाने वाली जड़ी-बूटियाँ
तिलिस्मी तावीज़ तेल संडा का
आखीर में जंतर-मंतर पर
कि अचानक मदारी फूँकता है मंतर
और खोल देता है बन्द पिटारे का मुँह
बेतहाशा बढ़ता है शोर चिल्ल-पों
तिड़ी-बिड़ी तमाशबीन
सब तितर-बितर
पिटारे से निकल चारों ओर फैल जाते हैं
साँप-बिच्छू, गोजर, कीट-पतंग, खर-मकर

मदारी समेटता है अपना सामान
और हो जाता है छूमंतर
बिल्ली सौ चूहे खाकर फटकारती है मूँछें
जाती है हज
बाक़ी सब चूहे अपने बिलों में घुस
करते हैं इधर उधर ताक-झाँक
मुल्क की फ़िज़ा में देर तक
तैरता रहता है ये सवाल
कि 'ऐसा कब तक चलेगा'

टोपियाँ

उन्होंने अपने लिए तय की हैं
अलग-अलग टोपियाँ
टोपियों के लिए क्या-क्या नहीं किया उन्होंने
कुछ ने इतिहास के अँधेरे तहख़ाने खँगाले
जाति-धरम की उर्वर धरती
कइयों ने त्याग-बलिदान, संघर्ष
ध्यान-तप-अध्यात्म के बाने से बुनी टोपियाँ
कितनों ने निचोड़ डाला दुनिया भर के फूल-पत्तों का रस
और रंग डाली अपनी बदरंग टोपियाँ

कुछ टोपियों की तलाश में जा पहुँचे आकाश पर
और नोच लाए चाँद टोपी
जिन्हें कुछ समझ नहीं आया
उन्होंने दूसरों की टोपियाँ चुराईं
और लिख डाला अपना नाम एक दिन

इतना होने पर भी
तमाम ऐसे हैं जिनके सिरों पर नहीं है कोई टोपी
उन पर कभी भी टूट पड़ सकता है पहाड़
या उनके सर किये जा सकते हैं क़लम कभी भी
क्योंकि इस टोपी समय में

टोपियाँ सुरक्षा की पहली शर्त है

ये दुनिया एक बार फिर से
दो हिस्सों में बाँट गई है—
टोपी-बाज़ों और ख़ाली-सर वालों में

टोपियों के बारे में सोचना इस आपद समय में
दरअसल अपने सरों के बारे में सोचना है
और यह जानना एक गूढ़ जानना है
कि टोपी-वाले ख़ाली-सर वालों को
कब, कहाँ, कैसे पहनाते हैं टोपी

टोपियों के बारे में सोचना
सिर्फ़ अपने सरों के बारे में सोचना नहीं है
यह दरअसल सरपरस्तों के बारे में सोचना भी है

चाय

यह कैसी चमक है अलस्सुबह
जो आपकी आँखों को ताज़ादम किये जाती है
यह किस चीज़ का इश्तेहार है
जिसे अपनी जीभ पर चिपकाये
आप नाच रहे हैं
गाँव-शहर, चुक्कड़-चौपाल

सुना है उन्होंने देसी ब्रांडों की कड़ी में
एक और ब्रांड लांच किया है
जिसे पीते ही आपकी मुड़ी रीढ़ सीधी होगी
और दूर होगी चेहरे की मुर्दनी

जो काम भूख के अर्थशास्त्र से नहीं होता
वह भय के समाजशास्त्र से हो जाता है
जो काम दुनिया की कोई सेना नहीं कर सकती
वह काम अस्मिता का मनोविज्ञान
कितनी आसानी से कर जाता है
जो विकास की चौपड़ पर
विनाश का दाँव चलना जानते हैं
उनके पास सदी के ऐतिहासिक विमर्श की दिशा
मोड़ने का हुनर भी होता है

अगर आप युवा हैं
ख़ुद को आधुनिक मानते हैं
अगर आप धर्म,जाति,क्षेत्र,नस्ल
भाषा और लिंग-भेद से परे होने का मुगालता भी पालते हैं
तो अवश्य ही आपको अपने देश से प्रेम होगा
क्यूँकि देश-प्रेम नए ज़माने का
सबसे बड़ा नशा है
(अब यहाँ यह सवाल बेमानी होगा कि देश भला किस चिड़िया का नाम है?)

और जो देश से सचमुच करते प्यार
वो चाय से कैसे करेंगे इनकार

उन्हें वक़्त लगेगा

उन्हें वक़्त लगेगा
जब तक की सारे जंगल काट नहीं दिये जाते
ढाह नहीं दिये जाते पहाड़ सब
जब तक कि ज़हरीली न हो जाएँ
सारी नदियाँ
पकड़ी न जाएँ सारी मछलियाँ

उन्हें वक़्त लगेगा
जब तक बचे हैं खेत
जब तक बची है एक भी मुट्ठी रेत
बचे हैं तेल, खनिज, गैस, लवण
और नमी के टुकड़े
धरती की कोख में कहीं

उन्हें यह समझने में वक़्त लगेगा कि
लोभ से प्यास नहीं बुझेगी
और पैसों को खाया नहीं जा सकेगा
आख़िर में

मायूस मौसमों से दामन मेरा बचाए

वो सुबहें सन्दली-सी, वो संतरी-सी शामें
वो महफ़िलें अधूरी, वो बहसें आसमानी
वो ख़्वाहिशें रूहानी, मसरूफ़ ज़िन्दगानी
पीछे निकल गई है, तारीख़ के सफ़ों पर
हल्के रंगों से कोई तसवीर बन गई है

पर तुम वही हो हमदम, राहों में साथ चलते
ख़ामोशियों से मेरी, कुछ इस तरह मुख़ातिब
कुछ यूँ नज़र टिकाए, होंठों की जुम्बिशों पर
लफ़्ज़ों की हर लरज़ से रिश्ता नया बनाए
जैसे ज़ुबाँ पे मेरे, क़िस्से हो ज़ाफ़रानी

दीदार के पन्नों पर इज़हार की अर्ज़ी थी
इनकार के जुमलों में इक़रार की मर्ज़ी थी
कब वक़्त कहीं ठहरा, जज़्बों पे किसका पहरा
तुम कल भी राज़दां थे, तुम आज भी वही हो
शामिल-हयात मेरे, ग़म हो कि फिर ख़ुशी हो

उन गर्मियों की ख़ुशबू, उन सर्दियों की नरमी
बरखा की शोख़ बूँदें मुझको सहेजनी थीं
बीते हुए लम्हों में गुज़रीं जो राहतें सब

मौसम की आहटें सब दिलनाज़ चाहतें सब
तेरे पते पे मुझको सौगात भेजनी थी
जो झील से उगती है वह सुबह भेजनी थी
एहसास से रौशन है जो शाम, भेजनी थी

क्या-क्या न सहेजा था तेरे लिए सफ़र में
दामन मेरा भरा था यूँ दर्दे-रहगुज़र में
इक अंजुमन थी दिल में, इक दश्त था नज़र में
जिसमें ग़मों के घर से निकली हुई हँसी थी
बेनूर निगाहों में उम्मीद इक फँसी थी
गुम हो चुके सुकूँ का इक ताज़ा वाक़या था
बेचैन तक़ाज़ों का क़िस्सा नया-नया था

गुझियों की महक भी थी, ठंडक वो चाय की थी
आमों का स्वाद लब पे कुछ आ रुका हो जैसे
तरबूज़ से निकले हों क़िस्से हज़ार जैसे
कुछ ख़ार थे अगरचे इस गुलसिताँ में अपने
दहलीज़ पे जज़्बों की जागे हुए थे सपने

यूँ भी नहीं कि सब कुछ राहों में खो गया है
यादों का कारवाँ इक हमराह हो गया है
लगता है ज़िन्दगी पर कुछ सलवटें रुकी हैं
चेहरे पे मेरे टिमटिम आँखें टिकी-टिकी हैं
अब दिल को हसरतों की परवाह भी कहाँ है
सच जो नहीं है ये सब तो झूठ भी कहाँ है

इक अरसा यूँ तो गुज़रा साँसों को ताब देकर
हम मुस्करा रहे हैं इल्ज़ाम सर पे लेकर
अब भी सुकूँ है दिल को तुम हमनवा हो मेरी
तुम अब भी चल रही हो हाथों में हाथ डाले

कन्धे पे सर टिकाए मुझको गले लगाए
तनहाइयों में जैसे अपना जहाँ बसाए
सुनते मेरे फ़साने, इस और उस बहाने
मायूस मौसमों से दामन मेरा बचाए

हमें प्यार करना था

हमें काटने नहीं थे पहाड़
नहीं खोदनी थीं नदियाँ
उगाने नहीं थे जंगल कहीं
हमें कोई सागर नहीं तैरना था
हमें प्यास के अलंघ्य मरु नहीं करने थे पार कभी
हमें पहाड़ों, जंगलों वगैरह के नाम से
रोमांचित होना था

हमें नहीं बसाने थे
युद्धों से बरबाद हुए नगर
नहीं लड़नी थी भूख के ख़िलाफ़ कोई जंग
हमें हिंसा और ख़ौफ़ के रिवाज से
नहीं होनी थी कोई परेशानी
हमें अपने दौर के बेचैन करने वाले सवालों पर सोचते हुए
सिर्फ़ उदास होना था

हमें अपनों, बेगानों की
बारीक पहचान करनी थी
हमें फूलों की बात करनी थी
चढ़ते सूरज और उतरते चाँद की बात करनी थी
हमें एक घर बनाना था

और उसकी खिड़की से
दुनिया के आँगन में झाँकना था
हमें ठंडी रातों और गर्म दिनों से बचना था
हमें एक-दूसरे की आँखों से दर्द चुराना था
हमें आसमान की ओट में रोना था
और फिर धरती का लिहाफ़ ओढ़ सो जाना था

हमें प्यार करना था

प्रेम-1

प्रेम एक धारदार हथियार है
जिसकी मूठ
तुम्हारे हाथ में है
और नोक
मेरे सीने में
हमने एक-दूसरे को गले लगा रखा है
प्रेम नोक पर टिकी हुई ज़िन्दगी है
या मूठ से मिली हुई मौत
तुम हमेशा मानती रही हो
कि प्रेम में मर जाना ही तो जीना है

लहरें

मैं सोचूँ कैसे ये लहरा के इतने पास आती हैं
मैं सोचूँ ये नमी इतनी कहाँ से साथ लाती हैं
सुनहरी सुबहें हों पहलू में या फिर कत्थई शामें
उसी शिद्दत से दोनों को गले अपने लगाती हैं

फ़िज़ा में तैरती है वक़्त की तसवीर जो कोरी
उफ़क़ से रंग लाकर उसके दामन को सजाती हैं
समो लें यूँ तो सारी अंजुमन अपनी पनाहों में
न जाने साहिलों को छू के क्यूँ शरमा-सी जाती हैं

उमड़कर चूमती हैं बादलों का रुख कभी यूँ तो
कभी फिर चाँद को आग़ोश में अपने बुलाती हैं
मुसल्सल जागना सदियों से जैसे इनकी फ़ितरत हो
मगर ये कश्तियों को अपनी छाती पर सुलाती हैं

बला का दर्द है सीने में इनके जज़्ब मुद्दत से
मगर जब देखिए आँखों ही आँखों मुस्कराती हैं
ये साँसों की तरह हैं ज़िन्दगी का सिलसिला थामे
कभी सुनिए अगर ये दास्ताँ अपनी सुनाती हैं

हुवा हड़ाई

दौड़ा दौड़ी बची रहे बस
कानी कौड़ी बची रहे बस
रहे जनेऊ टिका कान पर
तहमद धोती कसी रहे बस
बाकी दाता होय दुहाई
हुवा हड़ाई हुवा हड़ाई

ऊँट के मुँह में पड़ा है जीरा
बाजे ढोलक और मजीरा
शंख घंट की ताल सुनाओ
दौरी पीटो सूप बजाओ
भाग दलिद्दर आँधी आई
हुवा हड़ाई हुवा हड़ाई

हमको भी कुछ मिले मलाई
आख़िर कब तक करें भलाई
चमड़ी जाय न दमड़ी पावे
बनिया जाय नचनियाँ आवे
देव देवाली दिया सलाई
हुवा हड़ाई हुवा हड़ाई

गैट हटाओ वैट लगाओ
कैट बुलाओ रैट भगाओ
क़िस्मत से बन गए ओबामा
हम जस के तस रहे पजामा
पके धान की करो मड़ाई
हुवा हड़ाई हुवा हड़ाई

गोजर बीछी धामिन साँप
छुई-छुई निकरै दैया-बाप
गुड़-गोबर सब बने बताशा
जान-ज़िन्दगी बनी तमाशा
ख़ुद ही ख़ुद से करो लड़ाई
हुवा हड़ाई हुवा हड़ाई

उस शहर के लिए

कुछ लम्हे
उस शहर के लिए
जहाँ बाँहें फैलाए
रातें करती हैं शामों का इन्तज़ार
और दोपहर बाद खिड़कियों पर उतरती हैं
अलसाई सुबहें
जहाँ समय इतना तरल है
कि मुश्किल है बाँटना उसे
रात दिन सुबह और शामों में

कुछ बातें
उस शहर के लिए
जहाँ असंख्य दरवाज़ों से होकर
पहुँचता है इतिहास
और खो जाता है
क़िलों मीनारों महलों और मेहराबों में
जहाँ चाँदनी इतनी चटख है
और हवाएँ इतनी बातूनी
कि सदियों पुरानी बातें भी ऐसे लगती हैं
जैसे तुमने अभी-अभी
कानों में कुछ कहा हो

कुछ रंग
उस शहर के लिए
जहाँ देगों, कड़ाहियों मटकों और सुराहियों से
झरती है स्वाद की रेशम
जहाँ मिलते हैं सुनहरे आम
नारंगी संतरे और सुर्ख तरबूज़
जहाँ काले नक़ाब की आड़ से
झाँकती हैं
मोती-जैसी सुन्दर स्त्रियाँ
और फिर डूब जाती है
घर-गृहस्थी के मामूली तक़ाज़ों में
जहाँ नज़र भर
दिखते हैं सिर्फ़ लोग ही लोग
जिनके होंठों पर
गरम हवा के बावजूद
बची हुई हैं उम्मीद की कत्थई मुस्कानें

कुछ फूल
उस शहर के लिए
जो उमस भरी रातों में उगता है
निरभ्र तारे-सा जगमग
और तैर जाता है बादलों की तरह
उदास आँखों में अनायास
जो चम्पई गजरे की तरह घुलता है साँसों में
और फिर बिखर जाता है थिर
सागर की बेचैन हथेलियों पर चुपचाप
जहाँ सपने सच्चाइयों को
ऐसे घेरते हैं
जैसे दिमाग़ को घेरता है नशा

कुछ धूप
उस शहर के लिए
जिसके बारे में
अलबरूनी और ह्वेनसांग से भी ज़्यादा
जानता है एक रिक्शेवाला
और जिसकी बरकत के लिए
किसी हाकिम से ज़्यादा फ़िक्रमन्द है वो फ़क़ीर
जिसकी चौखट चूमते हैं
कबूतर हज़ार
गाते अबूझ गान फड़फड़ाते पंख
तोड़ते साए सन्नाटों के
लिखते इबारतें अमन की
नफ़रतों के आकाश पर
बिना थके-हारे

कुछ दुआएँ
उस शहर के लिए
जिसके उजालों में है हमारा अक्स
और जिसके अँधेरों में है
हमारी चाहतों का संगीत
जिसकी हवाओं में
सदियों तक तैरती रहेगी
हमारे ख़यालों की ख़ुशबू
वह शहर जो अब हमारा भी उतना है
जितना उनका
जो उसके दामन में पीढ़ियों से आबाद हैं

एक ऐसे समय में
जहाँ ख़ुद के अलावा
किसी और के बारे में

कुछ भी सोचने का चलन नहीं है
मेरी दोस्त
आओ साथ मिलकर उसकी सलामती की दुआ करें
आओ अपने पाकीज़ा चुम्बनों से
उसकी नज़र उतारें
आओ ले चलें उसे अपने साथ
जहाँ तक साथ चल सके इतिहास
साथ चल सकें स्मृतियाँ

तुम अपनी आँखों का ख़याल रखना

हमने अपने दिल की कश्ती
तुम्हारी आँखों की नदी में
उतार दी है
देखना अब सब तूफ़ान उठाएँगे
शोर मचाएँगे
मझधार की लहरों पर
साहिल से चिल्लाएँगे
हमारे डूबने की भरसक दुआ करेंगे

काश! कोई उन्हें समझाए
कि इस कश्ती का कोई किनारा नहीं
इसे तो डूबना ही है
तुम्हारे दिल तक पहुँचने के लिए

हमने अपने दिल की कश्ती
तुम्हारी आँखों की नदी में उतार दी है
तुम अपनी आँखों का ख़याल रखना

एक पुरानी कविता

वक़्त ने इस जगह को ऐसे घेर रखा है
जैसे मेरी बाँहों ने तुम्हें
एक दूसरे की आँखों में देखते हुए
हमें याद करनी हैं
अपनी ख़ताएँ
करना है अपनी सज़ाओं का इन्तज़ार
हम चाह कर भी वक़्त के परे नहीं जा सकते
वक़्त ने हमारी सरहदें तय कर दी हैं

इस जगह ने हमें ऐसे सहेज रखा है
जैसे दर्द के पन्नों पर
चैन की इबारत हो कोई
जिसमें हमारी कामयाब चाहतों का
सुर्ख़ रंग है
और है नाकाम हसरतों की ज़र्द भी

वक़्त की सरहदों में क़ैद
एक-दूसरे की हथेलियाँ थाम
हम उतरना चाहते हैं
ज़िन्दगी की तेज़ धार में

मैं तुम्हारी आँखों में उम्मीद के रेशे बुनता हूँ
और तुम मेरी आँखों से बुहारती हो
नमी के बारीक क़तरे
हम नींद का इन्तज़ार नहीं करते
हम करते हैं बातें सपनों की, उनके टूटने की

तुम मुस्कराते हुए
सच को गेंद-सा ऊपर उछालती हो
और मैं चुपचाप उसे लपक लेता हूँ
नीचे गिरने से पहले

यह खेल कितना दिलचस्प है
हार-जीत से परे यह खेल
हम दोनों को बेहद पसन्द है
यह खेल कितनी ख़ामोशी से
हम दोनों की रगों में भरता है रोमांच
और पलक झपकते एक नाज़ुक सिहरन
हमें अपने आग़ोश में भर जाती है

गुज़रता सब कुछ है
सुख-दुःख, हार-जीत, उम्मीद-नाउम्मीदी
यह वक़्त अपने साथ लेकर जाता है सब कुछ
फिर भी
हमने रोक रखा है क्या-क्या
अपनी ज़िद के चलते
हमने वाक़ई वक़्त को तह कर
अपने दामन में भींचने का भ्रम पाल रखा है

आज नहीं तो कल
हमें उबरना होगा इस भ्रम से

जाना होगा वक़्त की सरहदों के पार
अपनी ख़ताओं के साथ
सच की ज़मीन पर
अपने सपनों की जंग लड़ने

ज़िन्दगी एक ख़ूबसूरत एहसास है
जिसे मौत के डर से लड़कर
हासिल किया जा सकता है
हमें साथ-साथ इस जंग के लिए तैयार होना है

यह वक़्त
भले ही हमें याद न रखे
हम याद रखेंगे इसे

यह जगह हमें भूल भी जाय
हम कैसे भूलेंगे इसे
हम कैसे भूलेंगे इन चाहतों को
जिनमें उम्मीद की सुर्खी है
हम कैसे भूलेंगे इन सपनों को
जिनसे मिली है हमें
सच को समझने और सहने की संजीदगी
हमें सहेजनी होंगी
सुख की ये इबारतें
जिनमें दु:ख की तासीर बदलने की अदा है

जैसे यह वक़्त गुज़रता है
हमें भी गुज़रना है
पर उससे पहले
हमें सहेजनी हैं वे मुस्कराहटें
जिनमें उदासी को जगमगाने का जादू है

हमें उम्मीदों को सिरहाने रख
आँखों ही आँखों में जागनी हैं
अँधेरी रातें
जिनके पार धूप से धुली सुबहें हैं

हमें कहीं रुकना नहीं है
चलते जाना है
हमें वक़्त की काली सुरंगों में
गुम होने से पहले
एक दूसरे को ढूँढ़ निकालना है
हमें जीना है भरपूर
हमें प्यार करना है

होली

मादर झाँझ मजीर बजे ढप
बेनु की तान फ़िज़ा में समाई
ढोल की थाप पे कूकती कोयल
अबीर-गुलाल की छावन छाई
थिरकत पाँव उछाह जिया बिच
भंग ने अंग छटा बिखराई
गावहु सब मिलि राग धमार
बसंत के डोले में होलिका आई

प्यार के लिए

लो मैंने
खोद डाले हैं सब रास्ते
मूँद लिये हैं सारे गवाक्ष
जिनसे होकर आती थीं स्मृतियाँ
मैंने रूँध डाली हैं
सभी धाराएँ
जिन पर तैरता था
मेरा वो इतिहास
जिसमें गाँव के रंग भरे दिन थे
क़स्बों की कुछ सुन्दर कहानियाँ थीं
और थे महानगरों के कुछ रूमानी वृत्तान्त

लो मैंने
अलग कर लिया है
ख़ुद को जलसों और जलूसों से
लोगों से और उनके संघर्षों से
क्यूँकि वहाँ भी होती हैं
रोमांस की परिस्थितियाँ
मैंने धीरे धीरे छोड़ दिया है
अपने सब ऐसे दोस्तों को
जो भावुक होते हैं

और करते हैं
लड़कियों के बारे में बातें अक्सर

लो मैंने
इस दुनिया को
तुम्हारी तरह सोचना शुरू कर दिया है
शुरू कर दिया है
तुम्हारे हिसाब से कहीं आना-जाना
तुम्हारे लिए ही रोना हँसना गाना
प्यार जताना

तुम्हारी प्रशंसा से आबद्ध
मैंने ज़िन्दगी के बरक्स
बसा ली है एक और ज़िन्दगी
जिसमें धरती आकाश हवा पानी
और वनस्पतियों के अलावा
सिर्फ़ तुम हो
पूरी तरह सुरक्षित

मैं अब शायद
हो गया हूँ
तुम्हारे प्यार के लायक़

अब तुम नहीं हो

हमारे इतिहास में
बहुत कुछ नहीं था

एक पल था वह
जब मैं तुम्हें देख रहा था
तुम चाँद को
चाँद सूरज को
और सूरज जाने किसे देख रहा था

एक पल था वह
जब मैं तुममें खोया था
तुम तारों में
तारे आसमान में
और आसमान जाने कहाँ खोया था

एक पल था वह
जब मैं तुम्हारी आँखों में उलझा था
तुम बातों में
बातें नीम सर्द हवा में
और हवा जाने कहाँ उलझी थी

हमारे इतिहास का एक दौर
वह भी था

जब मेरी दुनिया में
सिर्फ़ तुम थी
तुम्हारी बातें थीं
चाँद-तारे, सूरज और आसमान थे
या फिर थी नीम सर्द हवा

और अब कितना कुछ है
सब तरफ़
मेरी सुबहों और शामों में उलझी
एक पूरी दुनिया है
जिसकी अपनी बेशुमार उलझनें हैं

फ़िलहाल ये बताना मुश्किल है
कि अब मैं किसे देखता हूँ
कहाँ खोया हूँ
किसमें उलझा हूँ

अब तुम नहीं हो।

रिश्ते

कुछ रिश्ते होते हैं ऐसे
जिनमें कुछ भी ख़ास नहीं है
कुछ ऐसे होते हैं जिनसे
आगे कोई आस नहीं है
कसमी-रस्मी, अरजू-गरजू
कामचलाऊ टोटल फरजू
कुछ रिश्ते भारी काया से
जिनमें बाक़ी साँस नहीं है
कितना ख़ाली है भीतर से
बाहर से एहसास नहीं है
फिर भी सब कुछ बँधा हुआ है
जैसे-तैसे सधा हुआ है
जीवन की अपनी सौगातें
थोड़ी जीतें, ज़्यादा मातें
किसको किसका पता बताऊँ
ख़ुद में भटकूँ ख़ुद को पाऊँ

कुछ रिश्तों का बैठा भट्ठा
फूस हुआ भरपूर इकट्ठा
कट्टर-गट्ठर,लाठी-लट्ठा
कूड़ा-करकट, खरपत-सरपत

भुरभुर, तरछट, सोटी-सट्टा
उस पर सीलन ऐसी जैसे
जड़ में सीझा बासी मट्ठा
कैसे ये कचरा निपटाऊँ
कैसे परती गर्द हटाऊँ
नमी हटे कुछ ऊष्मा जागे
ऐसी आग कहाँ से लाऊँ

लेकिन कुछ रिश्ते ऐसे हैं
जिनसे जीवन बनता जीवन
जिनको हम पल-पल रचते हैं
जिनमें हम कन-कन बसते हैं
वे सुन्दर भावों के जैसे
रिसते मन की पोरों से छन
सुख का होना, दुःख का होना
खिलखिल हँसना, बिलबिल रोना
रिश्ते मीठे गुलछर्रे हैं
रिश्ते बारूदी छर्रे हैं
फिर भी ये जीवन की थाती
बिन रिश्तों के कोरी पाती
किसको छोड़ूँ, किसको लाऊँ
किसको दिल का दर्द दिखाऊँ

जैसे प्यासे का पानी से
जैसे हर्फ़ों का मानी से
रस्ते का जो मंज़िल से है
मौजों का जो साहिल से है
जैसे सुबहो-शाम का रिश्ता
जैसे धूप-आम का रिश्ता
जैसे खेतों का किसान से

पंछी का ज्यों आसमान से
जुगनू का जैसे रातों से
दिल का जैसे जज़्बातों से
जो संघर्षों का जीतों से
जो सुर-तालों का गीतों से
ख़ुशबू और हवा में होता
जैसे दर्द-दवा में होता
वैसे रिश्तों का जीवन से
नाता है, किसको समझाऊँ
किसे गिराऊँ, किसे उठाऊँ
किसे दिखाऊँ, किसे छिपाऊँ
किसे रगेडूँ, किसे रिझाऊँ
ख़ुद को मारूँ, ख़ुद ही बचाऊँ
ख़ुद ही ख़ुद से रपट लिखाऊँ
किसे सँभालूँ, किसे गँवाऊँ
आड़ी-टेढ़ी, तिरछी गाँठें
रिश्तों की कैसे सुलझाऊँ
ये जीने की कठिन शर्त है
इससे कैसे जान छुड़ाऊँ
रिश्ते तो रहने हैं आख़िर
इन्हें निभाऊँ, उन्हें निभाऊँ
दुःख का सुख का जीत-हार का
इस जीवन में जश्न मनाऊँ
जाने कितने दिन रहना है
किससे रूठूँ, किसे सताऊँ
बेहतर हो सबको अपनाऊँ
ख़ुशियाँ बाँटूँ, दर्द पचाऊँ

बात सुननी ही पड़ेगी

असलहों से लैस थे वे
त्योरियाँ उखड़ी हुईं नारे चुभीले
गालियाँ नश्तर सरीखी थीं ज़ुबाँ पर
हाथ में बल्लम-छुरे थे चमचमाते
और कुछ हाथों में थे जलते लुकाठे
कूदते और फाँदते, सब तोड़ते
आतंक का बम फोड़ते
वे धड़धड़ाते आ घुसे निर्जन सदन में
और फिर खोजी निगाहों से
तलाशे जा रहे थे कुछ
उचककर व्यग्र-विह्वल

था वहाँ कोई नहीं उनके सिवा
फिर कौन था उस रात की वीरानियों में जो छिपा
जिससे उन्हें प्रतिशोध लेना था
या जिससे भय था उनको

वे उलटते जा रहे थे कुर्सियाँ-मेज़ें
पलटते जा रहे थे माल और असबाब सब

आक्रोश के अतिरेक में
दीवार पीटे जा रहे थे

फिर उन्हें वह मिल गया
जिसकी उन्हें दरकार थी
वे थीं किताबें, हस्तलिपियों के ज़खीरे
जिनमें थे सपने सुनहरे
आतिशी जज़्बात कितने जगमगाते
और थीं इनसानियत का मर्म समझाती हुई बातें कई
कुछ शान्ति के सन्देश
जिनमें शक्ति थी दुनिया बदलने की
पलटने की हुकूमत आतताई
और रचने की इबारत इश्क़ की
जो तोड़ सकती थी हदें
फ़िरकापरस्ती, ज़ात-मज़हब की गँठीली

था उन्हें ख़तरा बहुत इससे
जलाना चाहते थे वे समूची ये विरासत
इल्म और तहजीब की
चिंदियों में वे उड़ाना चाहते थे ये धरोहर
प्यार की, इनसानियत की, आपसी एतबार की
अपनी सनक की रौ में बहकर
चीखकर, धमका-डराकर, मार कर
उनको कि जो सहमत नहीं होते थे डरकर

कौन समझाए उन्हें आख़िर
कि है आसाँ नहीं ये जंग
ये संग्राम कल भी था
रहेगा कल यक़ीनन
फ़ैसला जिसका नहीं होगा सितम से

असलहों से और बम से
बात करनी ही पड़ेगी
बात सुननी ही पड़ेगी

मुस्कराती हुई फ़िज़ा हो तुम

मुस्कराती हुई फ़िज़ा हो तुम
गुनगुनाती हुई हवा हो तुम
सर्द लम्हों में घुल रही जैसे
रेशमी धूप की अदा हो तुम
शाम हो जैसे जुगनुवों से भरी
या शबे-वस्ल की सदा हो तुम

आसमाँ है या तुम्हारा आँचल
ये घटा है या तुम्हारा काजल
अधजगी रात में बारिश जैसे
छनछनाती है तुम्हारी पायल
ये सबा है या तेरी ख़ुशबू है
ये नशा है या तेरा जादू है

है तिरा हुस्न ज़िन्दगी मेरी
है तिरा इश्क़ बन्दगी मेरी
तुझसे ये कायनात रौशन है
तुझसे मेरी हयात रौशन है
मैं जो दिल हूँ तू मेरी धड़कन है
तू मेरा ज़र्फ़ तू मेरा फ़न है

मेरी साँसों में जुस्तजू तेरी
मेरी आँखों में आरज़ू तेरी
तू मेरी चाहतों का मंज़र है
मैं हूँ सहरा तो तू समंदर है
मैं ख़्वाब हूँ तू रंग है शायद
तू मेरे संग-संग है शायद

हमें अपनी दुनिया बचानी होगी

मैंने खुली
आतुर आँखों से माँगी तुमसे
तुम्हारी दुनिया में आने की इजाज़त
तुमने बन्द
नीम-बेख़ुद आँखों से चुना
मेरी दुनिया में आना

हमने अपनी-अपनी तरह से
तय किया
एक-दूसरे की दुनिया में
अपना होना

हम अपनी दुनिया छोड़
एक-दूसरे की दुनिया में
हो गए हैं शामिल

हमें अपनी दुनिया के लिए
इस दुनिया से दूर
एक और दुनिया तलाशनी होगी
हमें अपनी दुनिया को
इस दुनिया के तमाम ख़तरों से

बचाना होगा
हमें अपनी साझी दुनिया को
बचा ले जाने की फ़िक्र के बीच
मुस्कराना होगा

वे डरे हुए हैं

वे सबसे ताक़तवर हैं
दुनिया के जाबिर हैं
मगर वे डरे हुए हैं
सबसे कमज़ोर मुल्कों, क़ौमों और मज़हबों से

वे तमाम चेहरों, नामों, भाषाओं-लिबासों
यूँ कि दुआ के तरीक़ों
और प्रार्थना की भंगिमाओं से भी
डरे हुए हैं

वे दुनिया में ज्ञान-विज्ञान, तकनीक-आविष्कार
विचार और विमर्श के चौधरी हैं
लेकिन वे इन सबसे ही डरे हुए हैं

वे जबकि
पर्वतों-जंगलों-सागरों और
मौसमी बदलावों को अपनी मुट्ठी में रखते हैं
धूप-छाँव, अंधड़-तूफ़ान सब पर है उनकी नज़र
मगर वे डरते हैं
अँधेरों और उजालों से
शोर और शान्ति से

वे डरे हुए हैं
उन समाजों और सभ्यताओं से
जिन्हें 'सभ्य' बनाने का प्राचीन दम्भ है उन्हें
या जिन्हें लाख जतन के बाद
वे नहीं बना सके 'आधुनिक'

वे डरे हुए हैं उनसे
जिन्हें अपने पुश्तैनी लोभ के लिए
बर्बाद कर डाला है उन्होंने
और जिन्हें कायर और पिछलग्गू बनाने में
नहीं छोड़ी है कोई कसर उन्होंने

वे हर चीज़ पर शक करते हैं
अपने क़रीब आने वाली हर शय की
करते हैं बारीक जाँच
गट्ठों काग़ज़-पत्तर
इतिहास-भूगोल हुलिया-हवाला इकट्ठा करते हैं
वे अपनी हिफ़ाज़त की अपार चिन्ताओं और इन्तज़ामों के बीच
आसन्न ख़तरों से डरे हुए हैं

सुनो अहमद!
तुम बुरा मत मानना उनके ख़ौफ़ज़दा बर्ताव का
तुम भले एक होनहार मासूम वैज्ञानिक ठहरे
तुमने भले ही अपने हुनर से
रची है एक नई मशीन
वे तुम्हारे नाम और निर्मिति से
डरे हुए हैं

अजीब तो है
पर ऐसे में यह पूछना ज़रूरी हो जाता है

कि आख़िर क्या है
उनके इस क़दर भयभीत होने की वजह

क्या यह डर
उनके कारोबार का मुनाफ़ा है
जो देस-विदेस, जंगल-ज़मीन
तेल-वनस्पति-खनिज की लूट के बाद
उन्हें मिला है?
या जो मुल्कों-क़ौमों, तहज़ीबों
रंगों, धंधों, इलाक़ों
और ज़बानों के नाम पर
फैलाई गई नफ़रत से निकला है
या फिर शायद यह डर
मिला है उन्हें
दुनिया भर में अपनी रंगबाज़ी चमकाने के लिए
छेड़ी गई बारूदी लड़ाइयों में
हत्यारों और हथियारों की खेप भेजने के बदले?

क्या यह उस क्रूर अपराधी का भय है
जो अँधेरी रात के साए में
रौशनी की नर्म आहट से भी काँप उठता है?

सुनो अहमद! तुम बुरा मत मानना
उनके बरताव का
तुम्हारे आविष्कार पर उनकी चौकसी ने
दुनिया को अनजाने ही
दी है एक नई उम्मीद
जिसका इन्तज़ार सब को था
तुम्हें भी, हमें भी

सब कुछ खो जाने, लुट जाने
बर्बाद हो जाने के भयावह अपशगुन के बीच
जाग रही नाउम्मीदी के इस दौर में
किसी जाबिर को इस तरह
डरे-घबराए, चौकन्ना देख
उम्मीद तो जगती ही है—
धूप की, बारिश की, मुस्कराहट और प्यार की

[अमेरिका में अहमद नाम के एक छोटे बच्चे ने एक घड़ी बनाई थी जो अचानक क्लास में बज उठी। अमेरिकी पुलिस ने उसे आतंकवादी समझकर जेल भेज दिया था। बाद में हक़ीक़त खुलने पर उसे छोड़ा गया था लेकिन इस बीच उसके परिवार ने अमेरिका छोड़ने का फ़ैसला ले लिया था।]

वहाँ एक नदी थी

वहाँ एक नदी थी खिलखिलाती हुई
जिसके तटबन्धों को
तुमने तरक़्क़ी के नाम पर
गाद-कीच उगलते शहरों
और कारख़ानों से पाट दिया है

वहाँ एक जंगल था लहकता हुआ
जिसकी कोख तुमने
पत्थर-रेत कंक्रीट और काठ के लिए
अपने लोभ की बारूद से
भर दी है

वहाँ झूमती फ़सलों का
एक सिवान था
जहाँ अब तुम्हारे
आतिशी अरमानों का महल है

वहाँ थी अमन का पैग़ाम देती
किसी फ़क़ीर की एक मज़ार
जिसे ज़मींदोज़ कर
बना डाला है तुमने राजपथ

तुम्हें अब याद भी नहीं होगा
कि जिन दिलों पर
हुकूमत का नशा था तुम्हें
उनमें भलमनसाहत थी
भरोसा था, उम्मीद थी
मुहब्बत और सपने थे
और जिनमें तुमने
अपनी बातों और हरकतों से
बो दी है नाउम्मीदी
उड़ेल दिया है
अविश्वास और नफ़रत का ज़हर

इतिहास बनाने की रौ में
यह तुमने कैसा भविष्य
रच दिया है

अपरिचित

मैं अपनी प्यास के कटोरे में
गर्म रेत की नमी भरता
कोई राही हूँ

तुम एक नदी हो निश्छल

मैं अदृश्य गोलियों के बीच
दुश्मन सरहदों की तरफ़
ढकेला गया शरणार्थी हूँ

तुम एक आश्रय हो आत्मीय

मैं हिंसक भाषाओं के
भयावह शोर से घिरा
ख़ामोशी का शिल्पकार हूँ

तुम एक शब्द हो स्वतंत्र

मैं मृत्यु की
मोहक अदाओं का
सच्चा आशिक़ हूँ

और तुम एक ज़िन्दगी हो चंचल

हम दरअसल
एक दूसरे से अपरिचित
दो अलग-अलग दुनिया के लोग हैं
तुम्हें मेरे लिए
अपना क़ीमती वक़्त बर्बाद नहीं करना चाहिए

एक खिड़की का इन्तज़ार

दीवारों के बीच गुमसुम
अकेली रहती है
एक खिड़की
इस इन्तज़ार में
कि कभी आएगा कोई उसकी तरफ़
और खोलेगा ज़िन्दगी के बन्द कपाट
धूप की महक
हवा के स्पर्श
बारिश की नमी
या तिलिस्मी आसमानी रंगों का
दीदार करने के लिए

कभी तो आएगा कोई
देखने के लिए
नुक्कड़ के खेल-तमाशे
दूध-सब्ज़ी या अख़बार वालों से करने बातें
कामवालियों से करने झिकझिक

कभी कोई लड़की ज़रूर आएगी
कनखियों से देखने अपने प्रेमी को
करने इशारे, बहाने से

लेने उसके उलाहने और आमंत्रण

कभी कोई तो आकर बैठेगा
ढलती शाम
उसके कन्धे पर सिर टिका
अपने ख़्वाबों और ख़यालों की दुनिया लिये

खिड़की करती रहती है इन्तज़ार
मगर दीवारों का अनुशासन तोड़
कोई नहीं आता उसकी तरफ़
क्यूँकि यह बेजान निर्मम
और सख़्त दीवारों की
रौबदारी का वक़्त है
बस कभी-कभार कोई चिड़िया
अपने गीतों से
उसे दे जाती है दस्तक
या हवा का कोई झोंका
हौले से पहुँचा जाता है उस तक
मौसम का नया सन्देश

ये इन्तज़ार भी क्या चीज़ है
बन्द कपाटों के बाहर फैली
ख़ूबसूरत ज़िन्दगी से मुलाक़ात का इन्तज़ार!

इस एक इन्तज़ार में मुद्दत से
दीवारों के बीच गुमसुम
अकेली रहती है
एक खिड़की

प्यारे मौलवी साहब

[अपने बचपन के एक शिक्षक को याद करते हुए]

आज ज़रूरत सबसे ज़्यादा है
फिर से बतलाने की
समझाने की उनको
क्या था नाता
हम दोनों के नामों में
कहीं दूर पीछे तक
आगे और कहाँ तक चलता जाएगा
ये लेना-देना नेह-प्यार का
अरे हमारे प्यारे मौलवी साहब!

ग्यारह के थे हम
और सतहत्तर के थे आप
कि जैसे शिक्षा के ही लिए
बने थे आप
कि जैसे मैं था शिष्य आपका
वैसे ही जाने कितने थे शिष्य आपके
पीढ़ी दर पीढ़ी

और आपकी बूढ़ी और सजग टाँगों का
जो रिश्ता था एक पुराना

ऊँची गद्दी वाली साइकिल के पैडल से
उसका तो लेखा-जोखा ही मुश्किल है
जाने कितने सालों से
कितने बच्चों के दिल तक
लेकर जाती थी तुमको
यह साइकिल टुनटुन करती
तारीख़ बनाती और दर्ज होती जाती
वक्ती पन्नों पर

वे पूछ रहे हैं सब हिसाब
उनको तो बतलाना होगा ही
हममें और हमारे पुरखों में
कितना सीझा है ज्ञान
तुम्हारे मन से, होंठों से निकला

वह प्लासी के बक्सर के
पानीपत के झगड़े तारीख़ी
डलहौजी की हड़प नीति
सत्तावन के भारी लफड़े
फिर अलजबरा ज्योमेट्री
अंकगणित से होते-होते
दोमट मिट्टी सुन्दर वन
अफ्रीकी नस्लों की बातें

टैगा-टुंड्रा और सवाना की सौगातें
केटू कंचनजंगा किल्मंजारो से इंडीज़ तलक
सागर में उठने वाले तूफ़ानों से
एटना और स्ट्रोम्बोली ज्वालामुखियों की
विदग्ध चोटी तक

आबादी के बढ़ते ख़तरों से
इनसानी मज़हब के पन्नों तक
तुम हमें ले गए साथ-साथ
बिन पोथी-पतरा डाँट-डपट मुर्ग़ा-आसन

अब कौन बताए
उनको क्या ताल्लुक़ है अपने बीच
भला क्या किया हमारे लिए आपने
अरे हमारे प्यारे मौलवी साहब!

गए आपको अरसा गुज़रा तीस बरस
हम बच्चे से अब बड़े हो गए से लगते हैं

लेकिन एक बात
अब भी अटकी है मन में
आख़िर क्योंकर कहा आपने था मुझसे ये
मैं आगे चलकर जाऊँ देखूँ
चंडीगढ़ का नगर-शिल्प
जैसे चंडीगढ़ था कोई रूपक
पास आपके
आने वाले हिन्द देश का

मैं अब तक तो कई बार
हो आया चंडीगढ़
हर बार सोचता
कैसे अपनी ऊँची गद्दी वाली
साइकिल पर चढ़कर
तुम पहुँचे होगे चंडीगढ़
शायद मिल जाऊँ कहीं-कभी
कोने-अँतरे मैं तुमसे

चंडीगढ़ की चौड़ी सड़कों पर

तेज़ मारते पैडल
अपनी बूढ़ी साइकिल पर सवार
गांधी टोपी अटकाए सिर पर
धोती बाँधे कुरता पाए
लिये हमारी ख़ातिर ताज़ा कई सबक़
खादी झोले में फिर से

वे पूछ रहे हैं फिर-फिर हमसे
कौन मौलवी? कहाँ गया वह?
आख़िर क्या है योगदान उसका
इस मिट्टी को बोलो?

दिल चाहे मेरा कहूँ
कि मैं हूँ अक्स आपका
पेड़ एक छतनार
कि जिसको रोपा-सींचा
छुआ आपने तब तक
जब तक भरी नहीं शाख़ें मेरी
हरियाली से फल-फूल राग से
फिर मुस्काती आँखों से
अपनी ऊँची गद्दी वाली साइकिल पर बैठ
हिन्द महासागर की तह में उतर गए थे तुम
मैं अब भी खोज रहा हूँ तुमको
हर टोपी-धोती-कुरते में
साइकिल पर बैठे आते-जाते
हर एक शख़्स में
बोझिल मन से भरी आँख से

साथ हमारे बच्चों की एक पूरी दुनिया
बाट जोहती
राह तुम्हारी ताक रही है
अरे हमारे प्यारे मौलवी साहब!

मेरे शब्द

होने और दिखने में होता है फ़र्क़
जैसे चाहने और होने में
या हम 'चाहने और पाने में' भी
कह सकते हैं
ख़ैर इन मुश्किल सवालों को छोड़
तुम पर लौटता हूँ

तुम कहती थीं न
कि ज़िन्दगी में गुरूर नहीं होना चाहिए
मगर छूटते ही जोड़ती थीं
कि गुरूर के बिना कैसी तो ज़िन्दगी

चलो इसे भी छोड़ता हूँ
कुछ अपनी बात करता हूँ
और फिर तुम हमेशा कहती हो न
कि मैं चाहता हूँ
हमेशा अपनी बात करना
मगर इस बार
मैं तुम्हारी भी बात करूँगा

अगर तुम्हें लगता है
कि उम्र ने तुम्हें दिये हैं सवाल

सवालों ने दी है
जवाबों को तलाश पाने की तड़प
और इस तड़प ने
दिये हैं तुम्हें
सँभलकर ज़िन्दगी जीने के तर्क
और इन तर्कों ने तुम्हें
बेतरह परेशान कर रखा है
तो तुम मेरी आँखों में देखना
जहाँ सवालों के लिए कोई जगह नहीं है

अगर तुम्हें लगता है
कि चढ़ी हुई उम्र
और इस दुनिया ने
तुम्हें दिये हैं
सब कुछ समझ लेने के तजुर्बे
तो तुम उस पहेली को
सुलझाने की कोशिश करना
जो तुम्हारी ज़िन्दगी में
मेरे होने से पैदा हुई है

तुम्हें कई बार लग सकता है
कि यह दुनिया कुछ ज़्यादा ही है
तुम्हारे साथ
या रोज़मर्रा के मसलों ने
तुम्हें बेतरह घेर रखा है
तो तुम मेरे बारे में सोचना
और बस कहीं गुम हो जाना
झोंक देना इस दुनिया को
किसी भाड़ में

मेरी बातें तुम्हें लग सकती हैं
बहकी हुई
मगर मैं फिर लौटता हूँ
तुम्हारी तरफ़
तुम्हारे गुरूर की तरफ़

अब अगर तुम ख़ुद को समझती हो बेदाग़
बला की ख़ूबसूरत—
किसी ने कभी तुम्हें परी या चाँद-सी
ज़रूर ही कहा होगा—
तो ज़रा याद करना
मेरे बढ़े हुए नाख़ूनों को
और उनके महके हुए
इरादों के बारे में सोचकर मुस्कराना

मैंने कहा था न
कि होने और दिखने में होता हैं फ़र्क़
तुम जबकि मुस्करा रही हो
दिख रही हो ख़ुश
लेकिन तुम्हारे अलावा
यह सिर्फ़ मैं जानता हूँ
कि उदासी ने उमड़कर तुम्हें
अपनी बाँहों में भर लिया है
और ऐसे में तुम्हें याद आते हैं
दूर अतीत से लौटते हुए
मेरे शब्द

कितना अच्छा होता है

कितना अच्छा होता है
कभी-कभी
उम्र की लम्बी मेड़ पर चलकर
तमाम तरह के ख़तरों से बच-बचाकर
तैयार की गई
अपनी आरामगाहों से
बाहर दूर ढकेल दिया जाना
अजनबी घटनाओं लोगों
और मौसमों के बीच
निष्कवच

कितना अच्छा होता है
कभी-कभी
नई जगह पहुँच
खाने में नमक तेल चीनी
और चटनी का अनुपात तय करते हुए
खीझना या रोमांचित होना

इतना बुरा भी नहीं होता
बिना ख़बरों के
कुछ घंटे दिन या हफ़्ते गुज़ारना

होना सिर्फ़ ख़ुद के साथ
घूरना दीवारों को
सोफ़े पर उकड़ूँ बैठना
उल्लू की तरह आवाज़ें निकालना
और चालीस की उम्र में
एक बार फिर
अपनी लम्बाई नापने का जतन करना

इतना बुरा भी नहीं होता
देर तक ख़ामोश रहकर
गुज़री ज़िन्दगी में
अपनी ग़लतियों की फ़ेहरिश्त तैयार करना
और मन ही मन
कान पकड़ ख़ुद से माफ़ी माँगना

कितना अच्छा होता है
इस चवन्नी छाप समय में
पेट के बल लेटी
ज़िन्दगी को ललकारना
सचमुच अच्छा होता है
कभी-कभार
इस बेफ़िक्री के साथ जीना
कि रोज़ सुबह उठकर
नहीं बाँचनी होगी
दुनियादारी और सदाचार की रामायन

मुमकिन नहीं होता लौटना

ज़िन्दगी में कहाँ हो पाता है लौटना
मगर मुद्दत बाद
लौटा था मैं उस जगह
जिसे वह शहर कहता था

मेरा हाथ गर्मजोशी से थामे
मुस्कराते हुए उसने कहा था
'इस बीच चमक गया है शहर
कुछ ईटिंग ज्वाइंट्स विद कॉकटेल कॉर्नर्ज़
एक शॉपिंग मॉल सिनेप्लेक्स
अरसे से बैठा वह फ़्लाई ओवर भी
खड़ा हो गया है तनकर...
कुछ पिकनिक स्पॉट हो गए हैं आबाद
और हाँ सड़कों पर कभी-कभार
दिख जाती है होंडा सिटी'
एक साँस खींच जोड़ा था उसने—
एक मंत्री भी है अपने शहर से
सरकार में

तरक़्क़ी की इस तफ़सील में गुम
मैं जानना चाहता था उससे
उन बतख़ों के बारे में
जो उदास मौसमों में भी
धूप की जुगाली करती
उमगती थीं मेरी तरफ़
मझोले ताल की सरहदों से
मैं मालूम करना चाहता था
उस पेड़ के बारे में
जो फ़्लाईओवर के ठीक बग़ल
झूमा करता था हवाओं से लिपट
मैं पता करना चाहता था
उस बच्चे के बाबत
जो अपनी खड़खड़िया साइकिल पर
रोज़ सुबह निकलता था मेरे सामने से
दीनी मदरसे की ओर
टेरता कोई लोकगीत
या फिर शायद
मैं पूछना चाहता था
उस साँवली नदी के बारे में
जो बिजली कारख़ाने के पीछे बहती थी
और मुझे याद दिलाया करती थी
उस लड़की की
जिसे तरक़्क़ीपसन्द तारीख़ के तक़ाज़ों ने
छीन लिया था मुझसे
मुद्दतों पहले

पर उसकी मासूम मुस्कराहट ने
मेरी बेचैन ख़ामोशी को
कुछ और गाढ़ा कर दिया था

मैं उसकी चमकीली आँखों में देखता हुआ
सिर्फ़ इतना ही कह सका था
कि ज़िन्दगी में वाक़ई
मुमकिन नहीं होता कभी लौटना

ओ मेरे हमदर्द

मैं नहीं हूँ
अपनी ज़मीन से बेदख़ल किया गया
आख़िरी मुल्क

जो फिर मुद्दतों पूछता फिरता है
अजनबी सरहदों से अपना पता

मैं नहीं हूँ
तहज़ीब के नाम पर
अविश्वास और नफ़रत की
काली सुरंगों में उतार दी गई
आख़िरी कौम

जो फिर सदियों देती घूमती है
अपनी सत्यनिष्ठा और पाक-साफ़ नीयत की दुहाई

मैं नहीं हूँ
धरती पर जन्म लेने वाले मनुष्यों की
वह आख़िरी नस्ल
जिसे वे सिर्फ़ इसलिए तिरस्कृत करते रहे
कि उन्हें पसन्द नहीं था

उसकी त्वचा का रंग
आँख-नाक-होंठ और शरीर का अलग आकार

मैं विश्व मानचित्र पर अंकित
वह अन्तिम राष्ट्र भी नहीं हूँ
जिसकी बागडोर
किसी वाचाल आत्म-मोही
धृतराष्ट्र के हाथ हो

और जो फिर राष्ट्र को साथ लिये
तेज़ी से दौड़ रहा हो
अन्याय और अनीति के कुपथ पर
मुझसे पहले भी हुए हैं
कितने ही मुल्क, कितनी क़ौमें, नस्लें
कई राष्ट्र
कितने और होंगे यक़ीनन
भयावह भविष्य के गर्भ में

ऐसे में मुझे डर है
कि मेरे प्रति हमदर्दी दिखाते हुए
कहीं आप भावुक तो नहीं हैं
अथवा कहीं आप
कोई शालीन और सुसभ्य
जल्दबाज़ी तो नहीं कर रहे
आपको अपने जज़्बातों
विचारों और सरोकारों को
ठोंक-बजाकर ही मेरी हमदर्दी में
उतरना होगा

ये रेशमी हवाएँ

ये रेशमी हवाएँ
ये सरगमी फ़िज़ाएँ तुझको बुला रही हैं
नगमे सुना रही हैं
बेताब चाहतें सब बेचैन राहतें सब
जादू जगा रही हैं
तुझको बुला रही हैं

तेरे चेहरे की रानाइयाँ
ख़्वाहिशों का चमन छू गईं
तेरे दामन की परछाइयाँ
हसरतों का बदन छू गईं
ये शाम शबनमी-सी ये रात अनमनी-सी
तुझको बुला रही है
सपने सजा रही है

तेरे होंठों की रंगीनियाँ
बनके बूँदें बरसने लगीं
तेरी मासूम गुस्ताख़ियाँ
बनके ख़ुशबू बिखरने लगीं

तू संग-संग मेरे जैसे हो मुझको घेरे
यूँ खिलखिला रही है
मुझको सता रही है

ये रेशमी हवाएँ...

आहट

तेरे आने की आहट हुई
तो हवा रेशमी हो गई
तेरी पायल जो छमछम बजी
तो फ़िज़ा सरगमी हो गई

मुस्कराती हैं रंगीनियाँ तेरे क़दमों तले नाज़नीं
तेरी आँखों में शब घुल गई
तो सुबह शबनमी हो गई

बारिशों ने तुझे क्या छुआ फूल बन-बनके बूँदें गिरीं
आसमाँ ये चमन बन गया
ख़ुशबुओं की ज़मीं हो गई

तू हँसे तो मुझे जानेजाँ यूँ लगे ये जहाँ हँस उठा
एक तुम जो ख़फ़ा हो गए
ज़िन्दगी में कमी हो गई

तेरे आने की आहट हुई...

गुलमोहर

गुलमोहर तेरी चाहत के खिलते रहें
गर्म साँसों में लम्हे यूँ ही घुलते रहें
धड़कने धड़कनों को पुकारा करें
सामने तुम रहो हम निहारा करें

शाम ये तेरी आँखों से छलका नशा
रात ये जैसे ख़्वाबों का इक सिलसिला
फ़ुरसतों की ज़मीं पर मेरे हमसफ़र
रौशनी के फ़लक हम उतारा करें

मंज़िलों के लिए जैसे हैं रास्ते
वैसे हम तुम बने प्यार के वास्ते
तू मेरे साथ है हाथ में हाथ है
उम्र सारी यूँ ही हम गुज़ारा करें

ख़ामुशी तेरी कहती है इक दास्ताँ
आरज़ू के महल हसरतों के मकां
धड़कनों की सदा कैसी नाज़ुक अदा
नर्म एहसास दिल में सँवारा करें

गुलमोहर तेरी चाहत के...

यादों के काफ़िले

तेरी यादों के काफ़िले
मेरी राहों से आ मिले
यूँ ही चलते रहे उम्र भर
तेरी चाहत के सिलसिले

फ़ुरसतों की नज़र हो गईं
जो थीं बेचैनियाँ वक़्त की
ज़िन्दगी मुस्कराती रही
दर्द के आसमानों तले

फिर फ़िज़ा रंग भरने लगी
ये हवा फिर महकने लगी
फिर जवाँ हो गईं हसरतें
आरज़ू के दिये फिर जले

यूँ तो मुद्दत हुई है हमें
दूरियों से निभाते हुए
पर तुझे याद जब भी किया
मिट गए पल में सब फ़ासले

नई पीढ़ी

वह नए भारत की एक नई सुबह थी
जब अलसाई ग्रीष्म की गोद में ऊँघते
एक पार्क के
वीरान कोने में पड़ी बेंच पर
मुझे अकेले बैठा देख
नई पीढ़ी के
उन होनहार नुमाइंदों में से एक ने
मुझे घूरते हुए कहा—
अंकल! यह हमारी जगह है
आप अपने लिए
कोई जगह देखिए—

वहाँ से उठते हुए
मन ही मन मैं सोच रहा था
कि नई पीढ़ी ने
वाक़ई इस देश में
अब अपनी जगह बना ली है

प्रेम करने की आख़िरी जगह

तमाम शहर में
यह आख़िरी जगह थी
प्रेम करने के लिए
अब उन्होंने हुक्म दिया है
कि यहाँ भी वर्जित होगा प्रेम

उन्हें यह क़तई बर्दाश्त नहीं
कि उनके हुक्म की अनदेखी हो
उन्हें यह सोचना बिलकुल पसन्द नहीं
कि उन्हें दरअसल
ऐसा हुक्म देने का क़ानूनी अधिकार नहीं है
हुक्म देते-देते क़ानून के बारे में सोचना
वे कब का भूल चुके हैं
वे क़तई भूल चुके हैं
कि क़ानून ने ही
उन्हें हुक्म देने का सीमित अधिकार दिया था

अब उन्होंने शहर में
इस आख़िरी जगह पर भी
वर्जित कर दिया है प्रेम

अब हमें जीना होगा
प्रेम के बग़ैर

जो नहीं जी सकते प्रेम के बग़ैर
उन्हें बदलना होगा
उन्हें जो हुक्म देते हैं
या फिर इस शहर को ही

प्रेम-2

मैंने पूछा—
प्रेम क्या है
उसने कहा
ताक़तवर के लिए प्रेम
जीत का पहला अस्त्र है
और कमज़ोर के लिए
हार टालने की अन्तिम प्रार्थना

मैंने पूछा—
और शेष के लिए
उसने हँसकर कहा
उनका काम प्रेम से नहीं चलता
उन्हें ज़िन्दगी में
और भी बहुत कुछ चाहिए

गर्मियों के दिन चले आए

रूठना ख़ुद ही
मनाना ख़ुद को
रहना बेक़रार
अपनी ही दहलीज़ पर
अपना ही करना इन्तज़ार
कितने बोझिल हैं
जो ये पल-छिन चले आए
तुम न आए
गर्मियों के दिन चले आए

गूँजती फिरती है रह-रहकर
फ़िज़ा में ख़ामुशी
बस ख़यालों में ही थमकर
रह गई है हर ख़ुशी
ग़म ज़माने भर के ज्यों
गिन-गिन चले आए
तुम न आए
गर्मियों के दिन चले आए

अब तो दिन भर
फूल चिलबिल के

हवा में नाचते हैं
पंछियों के झुंड
जाने किस कथा को बाँचते हैं
ख़्वाब आँखों में
तुम्हारे बिन चले आए
तुम न आए
गर्मियों के दिन चले आए

दुनिया दो हिस्सों में बँट गई है

जाने कितनी बार बँटी है
यह दुनिया—
अमीर-ग़रीब, सबल-निर्बल
बुद्धिमान-नासमझ—
बँटती रही है हमेशा
सदियों से
जब से बनी है यह दुनिया
कभी एक कहाँ हुई

इधर फिर एक बार
दो हिस्सों में बँट गई है दुनिया—
बोलने वालों में
और सुनने वालों में—

मसला बस यह हुआ
कि जिन्हें सुनना था
वे लगातार बोल रहे हैं
और जिन्हें बोलना था
वे सर झुकाए सुन रहे
सुने ही चले जा रहे हैं

सवाल

कहते हैं
झूठ के पाँव नहीं होते
लेकिन सच के मुक़ाबले
हर दौड़ में
हमेशा यह आगे बना रहता है

जो 'कहते' हैं
और जो 'होता' है
उसमें हमेशा इतना फ़र्क़ क्यूँ होता है?

मतभेद

हम हमेशा यही समझते रहे
कि जब बचेगी सृष्टि
तब बचेगी दुनिया
जब बचेगी दुनिया
तब बचेगा देश
और जब बचेगा देश
तब बचे रहेंगे हम भी

मगर वे समझते हैं इससे उलट
वे मानते हैं
कि वे बचे रहेंगे
तब देश भी बचा रहेगा
फिर दुनिया और सृष्टि भी
बची ही रहेगी
इसीलिए वे सबसे पहले
और अन्त में भी
सिर्फ़ ख़ुद को ही बचाना चाहते हैं
बाक़ी हर चीज़ की क़ीमत पर

नया दौर

अब नहीं कुछ बोलना
मुँह खोलना
चुपचाप रहना
सिर्फ़ सुनना और गुनना
और सहना हर ज़लालत
सिर झुकाना पाँव छूना
चाभना बूँदी-बताशे
और चरणामृत पीना
घूमना मक्खन लिये
खाना मलाई दाबकर
निर्दुन्द रहना
मौज करना

देखकर नाटक-तमाशे
मुस्कराना
ज़ोर से ताली बजाना
फूँकना फिर शंख
घंटे घनघनाना
ध्यान धरना
मारकर आसन कठिन
मन की तहों से

जितने कोमल भाव हैं सब—
प्रेम करुणा त्याग और बलिदान
या फिर भाईचारा—
ठेलकर बाहर भगाना

ज़िन्दगी अपने लिए है
और अपनों के लिए है
दूसरों की फ़िक्र में
फिर किसलिए जीवन बिताना

देख भाई, देख बहना
देश जाए भाड़ में
कुछ हो भले संसार में
मुँह फेर रहना
कुछ न कहना
गर कभी मन ऊब ही जाए
तो ईश्वर को सुमिरना
धीर धरना

जगाने वाले

वे बीच-बीच में
आ जाते हैं जगाने
फिर आ गए हैं

शहर में पहले भी कमी थी मुर्ग़ों की
अब गाँवों में भी हो गई है
इसीलिए बढ़ चली है
उनकी ज़रूरत और भूमिका—दोनों

वे जगाने वालों को भी जगाते घूम रहे हैं
अगर किसी ने कहा
कि वह पूरी तरह जाग रहा है
तो कहते हैं
कि 'आपकी तो बस आँखें खुली हैं—
सो रही है आपकी अस्मिता
स्वाभिमान वग़ैरह'
अगर किसी ने उनके मुताबिक
जागने से किया इनकार
तो वे ज़बरदस्ती जगाते हैं

उनके पास है जगाने का पूरा सामान
जादू-टोना, तंत्र-मंत्र, हवन-ववन, झाड़-फूँक
अगर इतने से भी कोई नहीं जगा
तो राष्ट्र-हित में करते हैं
लाठी-डंडा, कट्टा-पिस्तौल, थाना-पुलिस
नियम-क़ानून का भी अभीष्ट उपयोग
आख़िर वे सब को जगाने का
पुनीत कर्म जो कर रहे हैं

लेकिन हमें यह बात याद रखनी होगी
कि मानवीय सभ्यता के इतिहास में
जब-जब आए हैं
ऐसे उत्साही 'जागरणजीवी जन'
उन्होंने जगाने के बजाय
हमें सुलाने की ही कोशिश की है
उनके पास होती है नींद की जादुई गोली
जिसका असर कई बार
रहता है सालों-साल
हम खुली आँखों बस सोते रहते हैं
वशीभूत, सम्मोहित भले-मानस से

जड़ों की तलाश

पहले उन्होंने परिंदे उड़ाए
फिर फूल पत्ते नोच फेंके
फिर एक एक कर तोड़ीं टहनियाँ
काटी शाख़ें
आख़िर में बचा ठूँठ
बेजान जड़ें

कुछ लोगों की तलाश
जड़ों पर आकर ही ख़त्म होती है
उन्हें मतलब नहीं होता
पेड़ों से

कामयाब रिश्ते

कामयाब रिश्ते
होते हैं हरी-भरी धरती की तरह
जिनकी तहों में होती है
स्मृतियों की सघन नमी

खो गए रिश्ते भी
बचे ही रहते हैं कहीं न कहीं
स्मृतियों में

हम साथ न भी हों
बचे रहेंगे ज़रूर
एक दूसरे की स्मृति में
गुनगुनी हँसी
या फिर उदास नमी बनकर

ख़ाली जगह

उसने एक ख़ाली जगह छोड़ी
जहाँ मुझे कुछ शब्द रखने थे

उसने मुझे कुछ शब्द दिये
जिनमें मुझे
अर्थ भरना था

उसने कुछ अर्थ दिये मुझे
अब मुझे उनका अनर्थ करना था

वह मुझसे ख़ुश था
और मैं ठीक वैसे था
जैसे एक ख़ाली जगह

काम

वह—
काम क्या करते हो?

मैं—
कविताएँ लिखता हूँ
गाता भी हूँ
सच के लिए लड़ता हूँ
ख़ूबसूरत ज़िन्दगी के सपने देखता हूँ

वह—
मैंने पूछा था काम क्या करते हो...

मैं चुप था
मैं वाक़ई कोई और काम नहीं करता था
उसके लिए मेरा होना व्यर्थ था

तुम

1

तुम एक भीगा एहसास
एक दुनिया नाज़ुक
जिसमें खोया हूँ मैं
अपने बेशुमार अफ़सानों के साथ
तुम दूर भी पास भी
बाहर-भीतर छाई-उतरी हुई
मेरे सच मेरे सपनों पर हँसती हुई
चाहता हूँ बस खींच दूँ
आकाश की नीली स्लेट पर
तुम्हारा अक्स
और छींट दूँ सरसों के पीले फूल
समूची धरती पर
चाहता हूँ
सागर के पूरे आवेग को
समेट लूँ अपनी छाती में

ये ज़िन्दगी
यूँ ही बीत जाएगी शायद
बिना तुमसे यह कहे

कि तुम बस तुम हो
जैसा कोई नहीं दूसरा
दुनिया मे

तुम एक बहती हुई नदी
मेरी आँखों की कोर के बिलकुल क़रीब...

2

मैं एक टूटता हुआ वक़्त
इन्तज़ार की भारी शिलाओं के बीच
दबा हुआ
मैं तुम्हारे मन की परतों में
छिपे दर्द-सा
टपकता बूँद-बूँद
बीतते दिनों की गर्म सतह पर
और तुम
न होते हुए भी हो ही
हर वक़्त
हर तरफ़
हमारे इतिहास की सलवटों में साबुत
कई बार
मेरी बन्द-सी पलकों पर
एक नामालूम-सा स्पर्श बन

अब तुम्हें कौन बताए

3

एक मुद्दत हो गई
आँखों में उतरे
इस सुबह को
अब भी जाने शाम की नरमी
कहाँ छिपकर खड़ी है
इन अँधेरी सलवटों को दूर कर दो
और इन लम्हों को
अपनी सुर्ख़ मुस्कानों से भर दो
डूब जाओ
मेरी इन रेतीली बाँहों में
नदी-सी
और मुझको प्यार से अपने
भिगो दो
चूर कर दो
इन तमन्नाओं की बोझिल
हर तपिश को
ले चलो मुझको कभी तो
बर्फ़ के सहरा में
अपनी गर्म साँसों के सहारे
बस तेरी महकी हुई
नादानियों की छाँव में
मैं ठहरता हूँ
किसी भटके हुए राही सरीखा।

4

तुम्हारे चेहरे-सी
खुलती सुबहें

तुम्हारी मुस्कानों से बिखरते
ये दिन
तुम्हारी आँखों में डूबती शामें
और तुम्हारे दामन पे उतरती
ये रातें
बस तुम्हारी यादों से घिरा ये समय
कितना कठिन है
जिसमें आसान है करना प्रेम
किन्तु मुश्किल है
उसे जताना।

5

तुम जब खो जाती हो बेसुध
मेरे सीने में बाँहों में
मैं हौले से
प्यार छिड़कता हूँ तुम पर
छूता हूँ वो लटें तुम्हारी
और तुम्हारी बहकी साँसों को थामे
मैं दूर उतर जाता हूँ
भीनी-सी रातों में
तारों जैसा
नींद नहीं होती आँखों में
किन्तु बेखुदी ऐसी
जैसे नशा तुम्हारा गाढ़ा-गाढ़ा
छा जाए
पूरी दुनिया पे
जिसमें मैं भी हूँ
थोड़ा-सा घुला हुआ
बस तुममें घुलता

तुमसे ही मिला हुआ

6

तुम
गर्म निचाट दिनों को
पुराने सन्दूक़ की तरह
खोलती हो
और बहती जाती हो
शीतल नर्म यादों की तरह

तुम
अकेली उदास रातों में
उतरती हो ऐसे
जैसे उतरता है कोई
अथाह नदी की
तेज धार में

तुम
अपने सपनों की सलाई से
बुनती हो
एक सच्ची दुनिया

तुम
अपनी दुनिया के लिए
लड़ती हो मुझसे
और इस समूची दुनिया से भी
तुम करती हो प्यार

7

मैं उन बस्तियों तक गया हूँ
जहाँ अब नहीं रहते लोग
उन रास्तों से
बार-बार गुज़रा हूँ
जहाँ तलाशने पर भी नहीं मिलते
आवारा क़दमों के पते
मैं उन जंगलों में भटक आया हूँ
जिनके पेड़ों की ऊँचाई
उतनी नहीं कि
धूप के लिए
बनाया जा सके एक मचान
मैं रो आया हूँ उन सिवानों के क़रीब
जिनके लिए बचा ही नहीं
कोई खलिहान

मैं उन समंदरों में उतरा हूँ
जहाँ से वाक़ई
नहीं की जा सकती
धरती की शिनाख़्त
और चढ़ा हूँ
उन पर्वतों पर भी
जहाँ नहीं रह जाती
आसमानों की ज़रूरत

मैं ठहरा हूँ
उन बेआब आँखों में
जो बेहतरीन सपनों की सताई हुई हैं

मैं वक़्त की सरहदों पर
चुनता हूँ
सुकून और सुख की कतरनें
और इस तरह
अपनी तमाम हसरतों और हासिलों के साथ
धीरे-धीरे घुलता हूँ तुममें
जहाँ फिर
मेरे होने का
कोई अर्थ नहीं रह जाता।

8

चाहता हूँ
फिर कहूँ कोई कहानी
वो कि जैसे बच्चों के हाथ में
कोई गेंद हो चंचल
यों कि जैसे
आसमाँ पर हों पतंगें
फरफराती रंग से
वो कि जैसे
पानियों पर
तैरता जाता है कोई ठीकरा
हल्के हुनर से

या कि जैसे
खेत से थक-हारकर सोई हुई
बिटिया के बाजू में
मुस्कराती उसकी गुड़िया
या कि जैसे रात की चादर लपेटे
ख़ामोश सागरों पर

मोतियों-सी टिमकती हैं
जहाज़ों को राह देती
लाल-हरी-नीली बत्तियाँ
एक कहानी
जिसमें दहकती रेत को
रह-रह भिगोतीं
बारिशें हों

जाने क्यूँ
मैं चाहता हूँ कि लिखूँ
एक ऐसी दास्तान
जो मुझे ले जाती हो तुम तक
तुम्हारी बेचैन आँखों और
बुझे हुए होंठों तक

चाहता हूँ मैं
कि तुम्हें अपने पहलू में समेटे
चलूँ मुश्किल उदास राहों से होकर
हैरान कर देने वाले सपनों तक
भटकूँ इस धरती के एक सिरे से
दूसरे सिरे तक
बस सुनाता तुम्हें
अपनी छोटी
मगर सदियों तक ख़त्म न होने वाली दास्तान

चाहता हूँ मैं
कि तुम सुनो वह सब कुछ
जो मैं नहीं कह सका
तुम्हारे कानों में
मैं चाहता हूँ

तुम पढ़ सको
उन गुमशुदा शब्दों को
जिन्हें मैंने कभी लिखा था हवाओं पर
जिन्हें मैं बिखेर आया था पर्वतों पर
जिन्हें मैं छिपा आया था
सागर की तलहटी में एक रोज़
और जिन्हें
अपने दुनियावी तक़ाज़ों के चलते
मैं नहीं उतार सका था
तुम्हारी हथेलियों पर
यूँ भी मेरी तमाम कहानियाँ
पूरी कहाँ होती हैं
तुम्हारे बग़ैर

जिनमें मेरी हसरतों की दास्ताँ भी है मुकम्मल

एक अधूरी नज़्म

ऐसे उतरी वह नज़र मुझ पर
कि जैसे धूप से बोझिल छतों पर
उतरे रिमझिम बारिशों का सिलसिला
जैसे कि बे-आवाज़, बे-अन्दाज़
आवारा अँधेरों से घिरी रातों को आकर
यक-ब-यक ही चूमने लग जाए
कोई रौशनी का जादुई इक आबशार
डूबती ही जाए फिर जिसमें कि सारी कायनात
ताब से जिसके चमकता जाए
हर ज़र्रा ज़मीं का...
इस तरह उतरा था कोई नूर आँखों में मेरी
कि बस चहकने लग गए थे
नींद के साये में अलसाए मेरे ख़्वाबों के पंछी
कुछ नमी ऐसी हुई तारी ख़यालों पर
कि खिल उठा
मेरे मुरझाए जज़्बों के शजर का रेशा-रेशा

मैंने देखा था उसे
बेलौस हँसते, मुस्कराते, खिलखिलाते
बेसबब बातें बनाते
पास आते, दूर जाते

फिर घुमाकर अपनी चंचल गोल आँखें
मेरी ख़ामोशी को थोड़ा गुदगुदाते
कुछ छिपाते, कुछ बताते
बेवजह हर बात पर हैरत जताते

गुलमोहर, थोड़ा गुलाबी, अमलतासी अर्क को
जैसे मिलाकर माहताबी घोल में
कोई मुजस्सम रूप दे दे
और फिर मेरे ख़यालों की ज़मीं पर छोड़ दे
यह सोचकर जैसे कि मुझको ही कराना हो
तार्रुफ़ उसका सारी अंजुमन से
अपने लफ़्ज़ों के हवाले से
सजाना हो उसे ख़ामोश जज़्बों के सलोने पैरहन से

थीं कई मुद्दत से यूँ तो आहटें उसकी
मेरे शाम-ओ-सहर में
वह अचानक आ धमकता था
मेरी ठहरी हुई दुनिया में इक हलचल जगाता
अपनी निर्मोही अदा से बात करता
इस तरह जैसे कि मैं ही था अकेला
जिससे करनी थी उसे
थोड़ी इधर की या उधर की बतकही
फिर मिलनी थी उसको तसल्ली
बेसबब गुड मॉर्निंग में
या कि शब-ब-ख़ैर की सरहद पे
यादों में मुझे आवाज़ देकर

सिलसिला बेवजह चलता ही रहा यूँ तो
जहाँ कुछ भी नहीं था ऐसा जिससे
ज़हन मिलते, ख़्वाब मिलते, फ़िक्र-ओ-एहसासात मिलते

किन्तु दस्तक इक नई ठहरी रही हर बार
दिल के बन्द दरवाज़े पे शायद
जैसे नाज़ुक-सी कोई उम्मीद
बँध जाए किसी आवाज़ से
जैसे किसी की उँगलियों के लम्स से भीगे हुए अल्फ़ाज़
महका जाएँ जज़्बों का चमन
गाहे-ब-गाहे गुफ़्तगू थोड़ी, कभी ज़्यादा
मगर सब बे-इरादा
ज़िन्दगी की गर्म सूखी सलवटों पर
शबनमी चादर बिछाती
जाने-अनजाने उसे थोड़ा मेरे नज़दीक लाती

फिर वो उसको देखना
सिमटे हुए लम्हों में बेहद पास अपने
चेतना में जैसे जल उठे मुक़द्दस आरती की लौ कोई
ज्यों धूप, चन्दन, फूल, काजल, रंग, ख़ुशबू
नाव-नदिया, सुभग-सुर, लय-ताल, वंदन से सजी
उजली सुबह की सीढ़ियों पर
अपने नाज़ुक पैर रख कर
साँवरी संध्या की चौखट जगमगाती
एक मद्धम लय सरीखी मेरी साँसों में उतरती
फ़ासलों से मुझसे मिलती
मौन आँखों से मुसलसल बात करती
डोलती इस छोर से उस छोर तक
दिल की धरा पर जगमगाती

वह कभी मोहक छटा-सी बादलों में रंग भरती
या कभी खिल-खिल हँसी की ताज़गी मुझ पर लुटाती
कुछ ठिठोली, कुछ पहेली, कुछ समझदारी की बातें
या कभी फिर सर्द रातें ओढ़कर

पहलू में मेरे बैठ जाती, कुछ लजाती
दिल के भीतर तेज़ होती
धड़कनों की आहटें मुझको सुनाती
फिर मैं अपने रेशमी लफ़्ज़ों से बुनता इक दुशाला
खींचकर उसकी निगाहों को ज़रा
अपनी निगाहों के तले
फिर नर्म उसका हाथ अपने हाथ में
आहिस्ता लेता इस तरह जैसे कि
ज़रिया बस यही था इक बचा
इस खुरदरे सूखे समय को नम
मुलायम, गर्म करने का हमारे पास कुछ
जबकि ज़माना मुब्तिला था
रोज़मर्रा के पुराने मस'अलों में
हम कि बस उलझे हुए रहते थे
इक-दूजे की क़ुर्बत के घने एहसास से
यह सोचते कि
'काश रुक जाती यहीं पर भागती-सी ज़िन्दगी'
मैं सोचता फिर चाँद को तोड़ूँ फ़लक से
ला सजाऊँ उसके माथे पर ज़रा
या छींट दूँ अलकों में उसके टिमटिमाते कुछ सितारे
हसरतों का अपना तेवर
ख़्वाहिशों की अपनी जुर्रत
वक़्त की रफ़्तार अपनी
ज़िन्दगी की धार अपनी

सर्दियों की दोपहर कोहरे में डूबी चहलक़दमी
साइकिल-रिक्शे या मोटर कार की ताज़ा सवारी
उस तिलिस्मी घर की यादें
चाय की कुल्हड़ से उठती सोंधी ख़ुशबू गुनगुनी
कुछ तब्सिरे बादाम पर

कॉफ़ी पे, मीठे आम पर
कच्ची गरी के लड्डुओं पर
इत्र-मफ़लर-शाल या फिर कैप और स्कार्फ़ पर
अटकी हुई बातों के हिज्जे
बोनसाई की कला, फूलों-वनस्पतियों की क़िस्में
कैक्टस की निगहबानी
सब-की-सब उसकी ज़ुबानी
या कि ढलती रात के साए में
चलती शायरी की दाद देती महफ़िलों में
मुस्कराते नैन उसके

गर्मियों का ज़िक्र भी और बारिशों की फ़िक्र भी
बचपन से लेकर अब तलक गाए-सुने
दिलशाद नग्में
शायरी-ग़ज़लें न जाने और क्या-क्या
ख़ूब बातें इस पे उस पे
उम्र पर, हालात पर, रिश्तों पे और जज़्बात पर
सब थोड़ा-थोड़ा है हमारे दरमियाँ
जिसके असर में है हमारी ज़िन्दगी का कारवाँ

अपने हिस्से तब भी थी ख़्वाबों की दुनिया
अब भी है सपनों का साझा
इस जनम से उस जनम तक
नेह के धागों में उलझा गुफ़्तगू का सिलसिला-सा

जाने कितने अक्स यादों में घुले हैं
नीम-मिर्ची, शहद-मिसरी
फूल-पत्थर, मोम-मोती, आग-पानी
रात रानी सी गमकती
एक बच्ची सी चहकती गुनगुनाती

फिर कभी बातें बड़ों सा करती
दादी माँ सरीखा ज्ञान देती
रूह में मेरे उतरती जैसे पाकीज़ा कोई एहसास
ले जाए उड़ाकर हमको इस दुनिया से बिलकुल दूर
कोई और ही दुनिया में बरबस
'क्या हुआ फिर' कह के अपने नर्म लहजे से
गए वक़्तों की साँकल खोलती रह-रह
क़रीने से सजाकर कितने ही क़िस्से फ़िज़ा में घोलती
जैसे कोई बच्ची हुई हो जो इधर
बस हाल में ही कुछ बड़ी, थोड़ा सयानी
जैसे चिड़िया एक जो उड़ना भी चाहे
खोल कर अपने मुलायम पंख
सुर के साँवरे आकाश में नीले उफ़क के पार
पर फिर ख़ुद ही घबराए ज़रा सकुचाए, मँडराए
बसेरे में ही अपने लौट जाए
अपने ख़्वाबों में सजाए
इन्द्रधनुषी ख़्वाहिशों के शोर में डूबी हुई ख़ामोशियाँ चुन
आरज़ू के जंगलों में मिलने वाले
चील-कौवों-बाज़ की यादों से विचलित
अपनी बगिया में मगन शाम-ओ-सहर
दिन-रैन, पल-छिन

मैंने देखा था उसे ऐसे कि जैसे
सादगी थोड़ा सँवर जाए कभी
अपने सलोनेपन पे ख़ुद ही रीझ जाए
जिसके मुखड़े पर हो झीना
एक परदा धूप-रेशम से बुना
थोड़ा अलौकिक
जो हमें खींचे भी अपनी ओर
लेकिन देर तक टिकने न दे अपनी चमक से

सुलझे-अनसुलझे, खुले या अधखुले
बिखरे-तरंगित केश कल्पों में
उलझकर भूल बैठी हो हवा ज्यों रास्ता

ऐसा लगा जैसे बसंती रुत भटक जाए कभी
ख़ुशबू की गहरी वादियों में देर तक
होकर परेशाँ लौटे साँसों में घुले मादक
जिगर में उतरे फिर बिलकुल ही
धीरे-धीरे, हल्के-हल्के
नीला कोई जादू था महकता उसकी छाया में
गुलाबी इक नशा शायद कोई
अविरल छलकता जाए है
आँखों से उसकी
राम जाने क्या बला थी
जाने कैसी थी पहेली

आरिज़ों पर फूल थे बेला-चमेली के खिले
कानों की पोरों पर सितारे जगमगाते
झरते हरसिंगार उसके मौन से बेसाख़्ता
कुछ थीं गले की सलवटों से
झाँकती स्वर-लहरियाँ
झरते हुए अल्फ़ाज़ यूँ
जैसे कि कोई छींट ही दे
पोटली कंचों की पथरीली सतह पर
छन्न से फिर देर तक गूँजे फ़ज़ा में
मखमली झंकार कोई सुरमई

वह कौन थी अब तक कहाँ थी
थी छिपी मेरे ख़यालों में कहीं
जैसे कि सच हो एक पल को

और अगले पल ही हो जाए तिलिस्मी शय कोई
आकाश से उतरी हुई कोई परी
जिसको सजाने थे मेरे जज़्बात
भरने थे तसव्वुर में मेरे कुछ रंग
हल्के आसमानी, कत्थई, पीले, सुनहले
सुर्ख़, नीले, रेशमी, थोड़े गुलाबी, सुरमई शायद
सभी ख़ुश रंग, थोड़े ग़मज़दा भी

आह! वह जो नज़्म थी
आधी-अधूरी, थोड़ी पूरी
उसको वैसे ही पढ़ा मैंने, लिखा मैंने
कि जैसे ज़िन्दगी
जो ख़ूबसूरत है बहुत अपने अधूरेपन में ही
जिसका मुकम्मल होना किसको भाएगा
लम्हा वह जब आएगा बेशक आएगा
जल्दी है क्या उसकी रज़ा भी आएगी
फिर ज़िन्दगी शरमाएगी लगकर गले
आख़िर में तो बस सिलसिला रह जाएगा
यादों का, ख़्वाबों का, ख़यालों का हमारे पास
जिसके दम से रौशन थीं कई तन्हाइयाँ, रुसवाइयाँ
ग़म की पनाहें, गर्म साँसें, सर्द आहें

है यक़ीं मुझको वह मेरे साथ होगी
ज़िन्दगी की जाफ़रानी सरहदों तक
मेरे क़दमों से क़दम अपने मिलाती
साथ मेरे गुनगुनाती, आँखों-आँखों मुस्कराती
नज़्म मेरी पूरा करती मुझको
ख़ुद रहकर अधूरी...

ग़ज़ल

1

उदास आँखों में उम्मीद-ए-गुल खिला के चले
सफ़र कठिन था मगर हौसला बना के चले

नज़र में यूँ तो तमन्ना थी दीद की लेकिन
हुए जो रूबरू तुझसे नज़र बचा के चले

मुझे ख़यालों में अक्सर ये गुमाँ होता है
तुम आए पास मिले बैठे मुस्कुरा के चले

मेरा नसीब कि हर बार वही हश्र हुआ
इलाज ढूँढने निकले तो चोट खा के चले

तमाम ज़िन्दगी का तल्ख़ तजरबा है यही
जो ग़म-ग़ुसार मिले दर्दो-ग़म बढ़ा के चले

जुनूँ में हमने गुज़ारी है ज़िन्दगी यारों
ज़मीं की चाह में हम आसमाँ लुटा के चले

जिन्हें सुनाए फ़साने अज़ाब के हमने
ज़रा उदास हुए पीठ थपथपा के चले

तमाम शब तेरी फ़ुरक़त में भिगोई आँखें
जो सुबह आई तो हम आस्तीं सुखा के चले

2

चलो ये दौर भी देखें तुम्हारे रूठ जाने का
मज़ा अपना ही है नाराज़ होने का मनाने का

हमें आदत है अपनों के सितम बर्दाश्त करने की
तुम्हें भी सीखना होगा हुनर हमको सताने का

हटा दी तुमने दीवारों से हर तसवीर पुरखों की
कहाँ सीखा है ये नायाब नुस्ख़ा घर सजाने का

मैं लड़ता हूँ बहुत हर बार लेकिन हार की ख़ातिर
मेरा अपना तरीक़ा है किसी से जीत जाने का

मैं अक्सर सोचता हूँ देखकर ख़ाली पड़ा तरकश
यही बाक़ी बचा एक तीर शायद हो निशाने का

ज़माना कह रहा है आपकी दरियादिली जिसको
नया अन्दाज़ है ये मुफ़लिसी को मुँह चिढ़ाने का

ग़मों की बज़्म में ज़ुल्म-ओ-सितम के सायबानों में
सलीक़ा हमने सीखा है हमेशा मुस्कुराने का

3

बेनवा होंठों को कुछ अल्फ़ाज़ दे जाएँगे हम
जाते जाते तुमको भी आवाज़ दे जाएँगे हम

हम नहीं हैं वो जो रोया करते हैं अंजाम को
इक नई तारीख़ का आग़ाज़ दे जाएँगे हम

गुनगुनाएगी उदासी हमसे आँखें चार कर
ग़म के हाथों में ख़ुशी का साज़ दे जाएँगे हम

आसमानों की बुलंदी देख जो घबरा गए
उन परिंदों को नई परवाज़ दे जाएँगे हम

और कुछ दे पाएँ न दे पाएँ हम तुमको मगर
सर उठाकर जीने का अन्दाज़ दे जाएँगे हम

4

हमें किसी की निगाहों से इश्क़ होने लगा
उदास तनहा पनाहों से इश्क़ होने लगा

सवाब लेके बड़े ख़ुश थे हम मगर इक दिन
मिले जो तुम तो गुनाहों से इश्क़ होने लगा

तमाम उम्र पता मंज़िलों का ढूँढा किये
तुम आए साथ तो राहों से इश्क़ होने लगा

सुकून वस्ल का यूँ तो अज़ीज़ है लेकिन
तुम्हारे हिज्र में आहों से इश्क़ होने लगा

जो बस तुम्हारे ख़यालों से लिपटी रहती हैं
हमें उन आशना बाँहों से इश्क़ होने लगा

5

दिल दीवाना तेरे नग़मे गाता है
जाने कैसे-कैसे ख़्वाब दिखाता है

जादू-सा है कोई मंज़र आँखों में
कैसे-कैसे वो मुझको भरमाता है

क्या बतलाएँ कैसा है महबूब मेरा
बस वादों से मेरा दिल बहलाता है

मुद्दत से तेरी यादों का इक साया
मेरे सूने दिल में आता जाता है

तेरी शोख़ निगाहों का जादू मुझको
आवारा दहलीज़ों तक ले जाता है

मत पूछो राहे-उल्फत के अफ़साने
ग़म का सागर आँखों तक आ जाता है

इस दिल की फ़ितरत ही ऐसी है यारों
सुलझी बातों को फिर से उलझाता है

6

सर्द हवा है भीनी-भीनी धूप फ़िज़ा में छाई है
ऐसे लम्हों में इस दिल को याद तुम्हारी आई है

ताज़ा चोटें हैं आँखों में फूल नमी के ताज़ा हैं
ताज़ा हैं फ़ुरक़त के सदमे ताज़ा ये तन्हाई है

तूफ़ाँ से क्या डरना अब लहरों की है परवाह कहाँ
चाहत के सागर में हमने दिल की नाव चलाई है

मंज़िल की है फ़िक्र कहाँ अब इश्क़-ओ-जुनूं की राहों में
दीवानों ने मंज़िल से आगे भी राह बनाई है

मैंने बातों-बातों में ही अपने दिल का हाल कहा
तुमने बातों-बातों में ही कैसी बात बनाई है

आने वाली रुत का आलम जो हो देखा जाएगा
जाने वाली रुत ने दिल में मीठी आस जगाई है

मिलते ही आँखें फ़ौरन मुँह अपना उसने फेर लिया
लगता है जलने वालों ने अच्छी आग लगाई है

7

तुम अपने नाम से वाबस्ता मेरा नाम रहने दो
ग़रज़ इतनी ज़माने में मुझे बदनाम रहने दो

मुझे कब वास्ता शोहरत से जश्न-ए-कामयाबी से
मुझे बरबाद होने दो मुझे नाकाम रहने दो

अभी होंठों पे मेरे तिश्नगी का रंग ठहरा है
ख़ुदा के वास्ते ख़ाली अभी ये जाम रहने दो

ताल्लुक़ तोड़ना चाहो तो तोड़ो पर गुजारिश है
मेरे सर पर गुनाह-ए-इश्क़ का इल्ज़ाम रहने दो

मेरी राहों के काँटों ने सबक़ ऐसा दिया मुझको
मेरे दिल ने कहा मुझसे अभी आराम रहने दो

मेरी आहें उसे ख़ुद मेरे मरने का पता देंगी
मेरे क़ातिल को मेरी मौत का पैग़ाम रहने दो

तुम्हारे नाम कर रखी है सारी ज़िन्दगी मैंने
मेरे हिस्से में अपने नाम की ये शाम रहने दो

8

इधर जो डूब गया मैं तो उधर निकलूँगा
खिलूँगा आफ़ताब बनके जिधर निकलूँगा

मुझे न गाँव गली शहर में ढूँढा करिए
दिलों में ढूँढिए अपने मैं उधर निकलूँगा

ख़बर न थी वो गुज़र जाएगा नज़रें फेरे
बग़ल से उसकी मैं मुश्ताक़ नज़र निकलूँगा

मेरी तलाश में भटकेगी ख़ुद-ब-ख़ुद मंज़िल
जो ख़त्म हो न कभी मैं वो सफ़र निकलूँगा

जवानियों में तो खैंचे है रास्तों की कशिश
ख़ुमार उम्र का उतरेगा तो घर निकलूँगा

बस एक शख़्स ने आबाद कर रखा है मुझे
बग़ैर उसके मैं वीरान शहर निकलूँगा

लगा था उनको कि मिट्टी में मिल चुका हूँ मैं
मुझे यक़ीन था मैं बन के शजर निकलूँगा

9

सलीक़ा जीने का मुझको जो काश आए ज़रा
हयात से मेरा रिश्ता सुधर तो जाए ज़रा

सुनाए मैंने उसे चाँदनी के अफ़साने
ये सोचकर कि मेरा चाँद मुस्कुराए ज़रा

खिली हुई है निगाहों में अजब वीरानी
बहार से कहो थोड़ा इधर भी आए ज़रा

मैं उसमें अपना मुक़द्दर तलाश ही लूँगा
कभी वो अपनी हथेली मुझे दिखाए ज़रा

वो चाँद लाया था पिछली दफ़ा मेरी ख़ातिर
बताओ उसको कि सूरज भी लेके आए ज़रा

टिकी हुई हैं ज़माने से निगाहें जिस पर
वो चाहता है कोई और मुझे भाए ज़रा

10

मैं तेरे प्यार का मारा हुआ हूँ
सिकन्दर हूँ मगर हारा हुआ हूँ

नहीं अब मंज़िलों की चाह मुझको
तेरी गलियों का बंजारा हुआ हूँ

पता मेरा हवा से पूछ लेना
मैं ख़ुशबू बन के आवारा हुआ हूँ

उड़ूँगा रोशनी के पंख लेकर
नई दुनिया का हरकारा हुआ हूँ

मुरादें माँग ले ऐ दोस्त तू भी
मैं इक टूटा हुआ तारा हुआ हूँ

मैं जलता हूँ कि उम्मीदें हों रोशन
मैं बुझता हूँ, मैं अँधियारा हुआ हूँ

तू जैसे दिल में उठती धुन फ़क़ीरी
मैं जैसे कोई इकतारा हुआ हूँ

मेरे पहलू में चारागर है मेरा
ख़ुदाया क्यूँ मैं बेचारा हुआ हूँ